中国绿色经济发展机制和政策创新研究

综合报告

杨朝飞　里杰兰德[瑞典]　主编

中国环境科学出版社·北京

图书在版编目（CIP）数据

中国绿色经济发展机制和政策创新研究综合报告/杨朝飞，（瑞典）里杰兰德主编. —北京：中国环境科学出版社，2011.12

ISBN 978-7-5111-0798-5

Ⅰ. ①中… Ⅱ. ①杨…②里… Ⅲ. ①绿色经济—经济发展—研究报告—中国 Ⅳ. ①F124

中国版本图书馆 CIP 数据核字（2011）第 244574 号

责任编辑 陶克菲 李恩军
责任校对 扣志红
封面设计 马 晓

出版发行 中国环境科学出版社
（100062 北京东城区广渠门内大街 16 号）
网 址：http://www.cesp.com.cn
联系电话：010-67112765（总编室）
发行热线：010-67125803，010-67113405（传真）

印 刷 北京市联华印刷厂
经 销 各地新华书店
版 次 2012 年 3 月第 1 版
印 次 2012 年 3 月第 1 次印刷
开 本 880×1230 1/16
印 张 5.5
字 数 126 千字
定 价 18.00 元

课题组成员

课题组中外组长

杨朝飞　环境保护部原总工程师

里杰兰德（Lars-Erik Liljelund）　国合会委员、瑞典战略环境研究基金会主任

课题组中外成员

原庆丹　环境保护部环境与经济政策研究中心副主任

苏　明　财政部财政科学研究所副所长

曹　东　环境保护部环境规划院环境风险与损害鉴定评估研究中心主任

杨朝光　发改委国土开发与地区经济研究所所长

李　平　中国社会科学院工业经济研究所党委书记兼副所长

李　周　中国社会科学院农村发展研究所所长

夏杰长　中国社科院财贸所服务经济研究室主任

燕　娥　环境保护部政策法规司环境政策处处长

西蒙•厄普顿（Simon Upton）　经济合作和发展组织环境部门主任

比约•斯蒂格森（Bjorn Stigson）　国合会委员、世界可持续发展工商理事会主席

芭芭拉•K. 布什纳（Barbara K.Buchner）气候政策方案机构威尼斯办公室主任

华强森（Jonathan Woetzel）　麦肯锡中国董事

特邀专家

南南•伦丁（Nannan Lundin）　课题组外方组长特邀咨询专家

课题组协调员

沈晓悦　环境保护部环境与经济政策研究中心政策室主任

赵晓萍（Ping Höjding）　瑞典环保署官员

赖晓东　环境保护部政策法规司环境政策处

肖翠翠　环境保护部环境与经济政策研究中心助研

综合报告执笔人

曹　东　於　方　赵学涛　曹国志　潘　文　牛坤玉　齐　霁

课题组顾问专家名单

祝光耀　原国家环保总局副局长、国合会秘书处原秘书长
沈国舫　国合会中方首席顾问、中国工程院院士
汉　森　国合会外方首席顾问、加拿大可持续发展研究院顾问
李庆瑞　环境保护部政策法规司司长
唐丁丁　环境保护部环境发展中心主任
任　勇　环境保护部人事司副司长、国合会助理秘书长
方　莉　环境保护部环境保护对外合作中心副主任、国合会助理秘书长
李永红　国合会秘书处处长
李　勇　国合会秘书处项目官员
盛馥来（Fulai Sheng）　联合国环境规划署高级专家
李佐军　国务院发展研究中心资源与环境政策研究所副所长
周宏春　国务院发展研究中心社会发展研究部室主任
齐建国　中国社会科学院数量经济与技术经济研究所副所长
王志军　中央财经领导小组办公室副司长
王青云　国家发展和改革委员会培训中心副主任
刘赋捷　建材工业经济研究会会长/教授级高级工程师
罗发青　华能集团安全生产部主任
孟庆波　中钢集团鞍山热能研究院有限公司教授级高级工程师
齐　焉　中国硫酸工业协会理事长

目录

引　言

工业革命和信息革命以来，“绿色革命”已成为新一轮全球经济转型的催化剂。绿色经济这一概念最早由英国环境经济学家大卫·皮尔斯1989年于《绿色经济蓝图》中提出，并逐渐得到广泛认同。近年来，特别是自2008年绵延至今的全球经济危机，使人们更加清醒地认识到以资源耗竭与依赖化石燃料为特征的“黑色”经济发展模式是不可持续的，人类必须寻求一条绿色发展之路。

2008年以来，世界各个国家和组织纷纷采取措施推动绿色经济发展，提出了一系列的绿色经济发展战略，如制定绿色增长战略、建立绿色社会、加强绿色投资、开展绿色行动计划等，将发展绿色经济作为提升国家经济竞争力并使之成为占领全球制高点和领先地位的重要途径。联合国环境规划署（UNEP）于2008年发起了绿色经济倡议，旨在通过绿色投资等推动世界产业革命、发展经济和减贫等，希望全球领导者及经济、金融、贸易、环境和其他部门的政策制定者意识到环境投资对经济增长、增加就业和减贫的贡献，并将这种意识体现到日常的决策当中。在2009年的G20伦敦峰会上，全球领导人达成了“包容、绿色以及可持续性的经济复苏”共识。经济合作与发展组织（OECD）也于2010年发布了“绿色发展战略”报告，旨在不仅为绿色经济制订概念性框架，并且为决策者提供一个实用的政策工具。这些国际倡议的共同主题就是将全球环境挑战融合到综合经济决策中，包括宏观经济、投资贸易及科技创新等领域政策，其重点在于促进绿色投资、绿色消费和绿色创新在可持续的经济复苏、消除贫困与长期经济发展过程中发挥重要作用。

作为一个新兴的经济大国，中国的绿色经济发展将对其未来经济繁荣乃至全球经济发展产生深远影响。改革开放以来，中国经济社会发展取得了举世瞩目的成就。1978—2010年，我国GDP年均增长9.8%，经济总量由世界第十上升为世界第二，综合国力明显增强，人民生活水平显著提高。但是，中国在经济增长方式方面，存在着“高投入、高消耗、高排放、不协调、难循环、低效率”的问题，资源环境为快速经济发展付出了沉重的代价。严重的资源环境问题将制约经济和社会发展，危害人民群众健康，危及公共安全和社会和谐，影响中国的和平发展，如果处理不当，将从根本上危害中华民族的长远利益。由于中国自然环境脆弱、人口众多、经济增长方式粗放、环境监管滞后，中国资源环境面临的压力可能比世界上任何国家都大，环境资源问题比任何国家都要突出，解决起来也比任何国家都要困难。

转变经济发展方式，实现绿色发展，这不仅是中华民族长远发展的战略性选择和必然需要，也是对全球可持续发展的积极贡献，将对人类发展产生重要的影响。

中国政府高度重视发展绿色经济，2003 年提出科学发展观，“坚持以人为本，树立全面、协调、可持续的发展观，促进经济社会和人的全面发展”，党的十七大进一步提出建设生态文明的战略目标。“十二五”是中国实现科学发展的重要战略机遇期，《国民经济和社会发展“十二五”规划纲要》明确提出，要以科学发展为主题，以加快转变经济发展方式为主线，实现绿色发展，把建设资源节约型、环境友好型社会作为加快转变经济发展方式的重要着力点，提高生态文明水平，走可持续发展之路。

经过近十年发展，建设资源节约型和环境友好型社会，发展循环经济和低碳经济已经为中国的绿色发展奠定了较为坚实的基础，中国已经步入了绿色发展的道路。与此同时，中国务必不失时机地抓住新的绿色增长机遇，以实现绿色转变引领下的现代化和跨越式发展。在中国面临各种规模庞大、情况复杂的经济发展、社会转变与环境保护的挑战与机遇时，当务之急是如何加快并深化中国的绿色转型。其关键问题是如何进一步推进转型成本效率的提高和体制机制与政策法规质量的改善。在上述重要宏观背景下，中国环境与发展国际合作委员会设立了《中国绿色经济发展机制与政策创新研究》项目，该课题组的研究方向与目标是：

- 阐述中国绿色经济的相关概念和含义；
- 分析中国绿色经济发展的驱动因素与保障条件，明确中国面临的特殊挑战和重要机遇；
- 构建中国绿色经济发展总体战略框架；
- 明确中国区域和行业层面绿色转型的关键任务；
- 提出中国绿色经济发展的重要政策建议。

绿色经济是创新经济发展机制和政策方案的综合体现，旨在解决经济、环境和社会等方面的多重挑战。因此，本报告中所做的分析将不局限于环境政策的范畴，而是将环境政策放在经济活动全过程中来考虑，提出一个在宏观经济发展、产业发展、科技创新、区域发展及社会公平与包容领域的多方位、多层次的综合政策框架。本报告研究以经济发展机制和政策工具为重点。在中国的绿色经济转型过程中，低碳工业化与国际贸易、投资与环境等一系列问题同等重要，鉴于时间和研究力量的局限，在此不予详细研究，而主要借鉴中国环境与发展国际合作委员会其他课题组的研究结果进行概括性讨论。

课题组在研究及报告撰写中，得到了环境保护部及相关研究机构、中国环境与发展国际合作委员会中外专家以及相关国际组织——瑞典环保署（SEPA）、经济合作与发展组织（OECD）、联合国环境规划署（UNEP）、世界可持续发展工商理事会（WBCSD）、麦肯锡（Mckinsey & Company）气候变化政策倡议组织（CPI）的大力支持和帮助，在此表示衷心感谢！

1 中国发展绿色经济的背景

1.1 绿色经济的概念

联合国环境署对“绿色经济”的定义是可促成提高人类福祉和社会公平，同时显著降低环境风险与生态稀缺的经济。简言之，绿色经济可视为是一种低碳、资源高效型和社会包容型经济。在绿色经济中，收入和就业的增长驱动于那些能降低碳排放及污染，增强能源和资源效率，并防止生物多样性和生态系统服务丧失的公共及私人投资。需要通过有针对性的公共支出、政策改革和法规变革来促进和支持这些投资。发展路径应能保持、增强并在必要时重建作为重要经济资产及公共惠益来源的自然资本；这对于生计和安全都依赖自然的贫困人群而言尤为重要。

在激烈的国际竞争和全球共同努力满足巨大的需求时，OECD 的政策背景下的绿色增长是指“为促进经济增长和发展，同时确保自然资产继续提供资源和环境服务，为人类创造福祉。要做到这一点，就必须促进投资和创新，这将支持可持续增长并带来新的经济机会”。

本课题充分借鉴国际最新理念，综合联合国环境署绿色经济概念及 OECD 提出的绿色增长理念，结合中国经济、社会发展与环境保护实际，提出绿色经济概念为：以环境保护与资源的可持续利用为本质条件的经济发展模式。这一发展模式优先关注人类的健康与福祉，减少人类活动对环境的损害，充分认识原生生态系统和人工生态系统提供的服务功能和价值，并通过不断创新和高效管理相结合而获取新的绿色经济增长点。

绿色经济涵盖了宏观经济活动的各个环节（生产、流通、消费等），同时在各个层面（如区域、产业）都应体现。这一定义的核心是强调人类福祉在绿色经济发展中的重要性，对国家财富的重新认识、对促进绿色经济发展具有重要意义。

国家财富是指一个国家内，凡是具有创造价值能力的所有物质，包括有形物质财富如食物、资源、住房等，也包括无形财富如人力资本、社会资源和自然资源等。国家财富涉及代内和代际之间的平衡与分配。在中国由一个低收入国家转变为新兴经济体的中等收入国家的过程中，当中国消费者尝试追求一种以物质消费为驱动的更加富裕的生活方式时，拓展对国家财富概念及其内涵的认识具有非常重要的意义。应当引导社会公众更加关注绿色的价值观念，人与自然和谐的关系以及可持续的健康的生活方式等无形资产，而不仅仅是盲目追求有形资产。

国家财富的本质在于对“唯 GDP 论”的超越。国内外许多学者已经提出更加宽泛的概念来概括与衡量经济发展的实质与最终目标。在此基础上，以提高人类福祉为目标的经济发展主要体现在以下几个方面（图 1-1）：经济福祉如经济财富、就业状况、分配公平；生活条件如健康状况、教育状况、环境安全与舒适度；幸福程度如家庭与社区满意度等都已成为绿色经济的重要内容与目标。

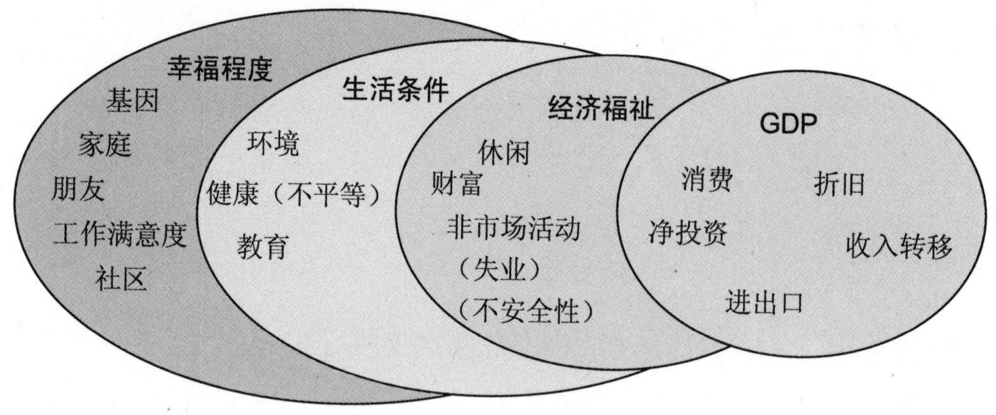

图 1-1 GDP、经济福利与福祉

资料来源：德意志银行研究，社会福利衡量，2006

基于对国家财富内涵的新认识，中国发展绿色经济需要对机制创新与政策发展提出更新的要求。这就是说，面对中国的基本国情和快速发展态势，对经济、环境和社会发展三者关系需要有动态和前瞻性的认识：

➢ 绿色经济的实质是要在发展经济与保护环境之间建立一种良性的互动关系，二者间要相平衡、相协调、相支持、相促进，而非折中或利益冲突的关系。

➢ 绿色经济发展的目标是要保证经济发展的速度、效率、质量和公平有着同等重要的地位，从而使人与人之间，人类与自然之间实现更加和谐的关系。

➢ 绿色经济发展的关键是要针对中国同时面临着发展中国家和工业化国家所面临双重挑战的客观现实，提出符合自身国情的解决方案。中国的绿色经济不仅仅要追求自身发展，避免“锁定效应”即走高消耗、高污染、高排放的“三高”发展方式老路，而且还要充分利用独特的绿色增长机遇实现跨越式发展。换言之，中国发展绿色经济没有现成的模式可遵循，需要不断探索和创新。

➢ 绿色经济发展的途径是要充分发挥环境保护优化经济增长的作用，积极构建与我国基本国情相适应的环境保护宏观战略体系、全防全控的防范体系、健全高效的环境治理体系、完备有效的环境管理体系、与经济发展相协调的环境法规政策标准体系以及全民参与环境保护的社会行动体系，走一条代价小、效益好、排放低、可持续的环境保护新道路。

中国经济规模庞大，区域差别明显。对中国而言，没有任何“一以贯之”的统一绿色经济发展模式。它需要遵循一种差别化和区域化的协调发展模式，兼顾各地区的特定发展条件和机遇，不能搞“一刀切”。

1.2 绿色经济是中国经济发展的战略性选择

改革开放以来，中国经济以年均9%的增速快速发展。但是，中国经济增长所付出的高昂的环境与社会代价正在日益显现。根据中国环境规划院的最新预测，中国经济增长对环境造成的损害将超过1.3万亿元，相当于2008年中国国内生产总值（GDP）的3.9%，主要表现为污染排放、土壤退化和湿地资源减少。自 2003 年以来，污染排放和环境破坏造成的经济损失增加了74%，如果还考虑其他形式的环境退化，例如生物多样性的损失、强化耕种而造成的沙漠化和土壤退化等，代价甚至会更高。[①]

在经济快速增长的同时，城市化、人口流动以及收入分配领域的变化也给中国的社会发展带来了巨大的影响。环境污染与破坏不仅带来了巨大的经济损失，同时也对弱势群体的健康与生计产生了更为严重的影响。因此，社会的演变，贫富差距的产生，与环境影响之间的密切关系共同构成了中国发展绿色经济的重要驱动因素。

总而言之，中国将无法继续支付“黑色”经济增长所需要的成本，环境和社会问题也不再仅仅是中国经济增长的“副作用”。目前，中国正处于一个关键时刻，环境退化和社会矛盾正在引发严重的经济问题，并将阻碍经济的可持续发展与未来的经济繁荣。绿色经济发展模式是中国经济战略发展的必然选择，也是中国实现全面、协调、可持续发展的必由之路。

1.3 处于十字路口的中国：经济转型与环境保护

当前，中国经济、环境与社会发展正处在从量向质转变十字路口，中国既拥有已奠定的良好基础，又面临内外部复杂因素。从中国“十二五”及未来的中长期发展来看，经济结构调整，制度与机制的不断完善与创新将对未来的经济稳定、可持续发展，与综合竞争力的提高有决定性的作用。环境保护与经济增长相互支持、相互促进至关重要，两者间的紧密联系与潜在的互动关系主要体现在以下四个方面。

1.3.1 制度效应

改革开放30年来，市场经济快速发展，政府定位不断调整。特别是国有企业的改制，民营企业的成长，城市化的发展，以及消费市场的开放为有中国特色的市场化发展以及经济发展综合效率的提高注入了生机与活力。在环境保护领域，政策和制度保障及各方面的能力建设也不断完善与提高。但在市场与政府共同推动经济发展的过程中，政府的缺位，错位与越位的问题仍是阻碍市场机制完善，市场经济深入健康发展的障碍。最突出的问题，表现在政府直接与过

①Jonathan Watts. China counts ￡130bn cost of economic growth. http://www.guardian.co.uk/world/2010/dec/28/ china-130- bn-economic-growth. 2010-12-28.

度参与经济活动，以及不合理地干预生产要素市场价格。这不仅影响资源配置与利用的效率，同时也造成不合理、不可持续的产业与投资结构。从政府监督管理市场的角度来看，特别是在环境保护领域，政策工具制定与实施的质量，即科学性、可操作性及其对技术水平与创新能力的促进与推动作用都有待提高。本着政府与市场共同推动绿色经济的原则，政府如何将加强监督管理手段与创造市场激励机制相结合，将是制度效应在绿色转型中发挥更大作用的关键。

1.3.2 规模效应与效率提高

根据国家经济社会发展“十二五”规划，“十二五”期间 GDP 年均增长目标从“十一五”的 11.2%减缓到 7%，这是历届五年规划所确定的最低目标，表明了国家优化经济结构，提高发展质量的决心。经济增长速度的减缓也将对缓解资源与能源需求压力，促进节能减排起到一定的积极作用。但即使在规模效应的缓冲作用下，资源利用效率的提高仍刻不容缓，节能减排的压力仍继续加大。中科院的研究结果显示，在 2020 年，GDP 翻两番的目标实现时，为保持 2000 年的环境质量水平，资源利用效率必须在现有水平上提高 4～5 倍，单位 GDP 的环境生态足迹必须降低 75%。

1.3.3 结构效应

结构转型一方面体现在行业间即农业、工业与服务业内部的升级与转型以及行业间的联系与互动，另一方面体现在经济增长的主要动力，如内需、投资与出口“三驾马车”间的协调与平衡。多方位的经济结构调整与升级转化，不仅可以消除国内与国际经济不平衡因素，同时也可以提高资源利用和分配的效率。但值得注意的是，在加大内需拉动经济转型过程中，依然存在资源效率与规模效应之间的矛盾。即使资源利用效率提高，也并不能保证足以抵消因收入和规模效应导致的资源需求增加。因此，在有意识加强绿色转型过程中的“需求管理”时，资源的“总量控制”不容忽视，甚至“总量控制”应视为资源效率的基本前提。

1.3.4 技术效应

经济发展不能仅依靠物质、资源与人力的投入，同时也需要通过技术创新提高效率。技术进步与创新能力的提升不仅能够加强对环境与生态的保护，还可以加快结构调整与产业升级的步伐。特别是在一些绿色创新领域及战略性新兴产业，中国与发达国家起点差距较小，站在相近的起跑线上。与此同时，在新能源、新材料、新能源汽车等领域，市场及技术发展方面仍存在不确定性，而且有一些现有技术与发展模式并不适合在中国产业化推广。此外，新技术，新能源带来的环境与生态影响也不容忽视。尽管目前在政府补贴等因素刺激下，各类资本对新能源等领域表现出了极大的热情，但带有一定的盲目性。忽视与低估技术、市场及环境与生态效应的不确定性，势必带来投资风险，反而会破坏生态环境，浪费资源。

2 经济结构转型和绿色倡议——国际经验

2.1 经济转型的国际经验

第二次世界大战结束至今的半个多世纪当中，主要的工业化国家以自身发展条件为基础，在国内和国际环境背景下，采取了多种手段对产业结构和经济发展方式进行调整和升级。美国一直是“二战”后世界各国产业结构调整与升级的引擎，目前集中力量发展以信息产业为主导的高技术产业、银行金融业和创新型产业等。由于文化背景和政治体制不同，日本和西欧创新型产业发育迟缓，目前正积极培育知识经济的成长环境，努力实现集成型产业向创新型产业的转变。包括韩国在内的“亚洲四小龙”等国家和地区也正逐步实现由资本技术密集型向知识技术密集型产业的转变。亚洲和拉丁美洲一些国家，面临工业化和信息化的双重压力，正实现资源密集型和劳动密集型产业的调整和升级。其中，美国、日本、韩国是世界各国中产业绿色转型的典型代表。

在不同的历史阶段，推动以实现绿色发展为导向的结构调整和制度创新的主要驱动因素包括：资源约束，如石油危机和原材料短缺；技术革命，如信息和通信技术革命；全球化的影响，如贸易、投资以及人力资源的国际流动。但综合来看，在全球经济绿色转型的进程中，尚未形成可以全盘照搬的“一揽子”政策方案或通用模式，但是从一些 OECD 国家以往的结构调整与改革的经验中，仍可以看到许多共同之处，并对今后绿色经济政策的制定与发展提供借鉴：

政策透析 1：政策信息的公开与透明度。获得公众对结构调整与改革的支持，关键在于：一是加强政策信息的公开与透明度；二是针对政策与改革带来的效果和影响与公众进行客观有效的交流。

政策透析 2：政策导向与企业行为的相关性。在绿色转型中，企业对政策的响应以及行动尤为重要。同时，企业对政策框架的制定有以下要求：一是市场信号如价格信号、供需变化特别是在资源与能源相关领域尤其重要；二是资本市场的不断完善，充分体现在市场风险、风险回报以及市场规模的变化中；三是在技术的开发与推广过程中，政府与企业能够携手推动。

政策透析 3：建立政府部门间、不同利益相关方之间的利益协调机制。在绿色经济转型发展政策制订过程中，政府面临着不同领域和层面的利益冲突与矛盾。解决这一问题的关键在于不同政府部门之间、不同利益相关方之间要紧密协调与合作，实现不同政策工具的合理组合与高效利用，形成整体一致的共同利益，达成政府各部门、不同利益相关方的共赢局面，避免不同利益主体的目标冲突，导致利益相互抵消，出现政府各部门、不同利益相关方相互掣肘的结果。

政策透析 4：要解决分配不公的问题，维护弱势群体的利益。有针对性地利用补偿机制来解决由结构性调整和改革引发的阶段性分配矛盾，成功经验包括在环境相关税收增长的前提下，对农民的直接现金补贴，或是劳动收入的税收减免。

政策透析 5：正确理解保护国际竞争力与环境和气候政策实施力度之间的关系。国际竞争力需要在经济效益与环境影响的综合框架下全盘衡量。从许多 OECD 国家的经验来看，环境与气候变化政策并不会对国际竞争力的负面影响。

2.2 绿色经济倡议及重点行动

在 2008—2009 年金融危机过后，国际上提出了通过国际多边合作及在国家层面推行“绿色经济倡议”，旨在实现可持续的经济复苏以及中长期战略目标——寻求新的就业机会，创造新的竞争力。在 OECD 绿色增长战略中，重点关注的政策要素主要包括：

自然资源的维护与积累是创造国家财富的基础与源泉之一，其重要地位与价值应当在经济发展与政策决策中充分体现；作为实现经济和环境和谐发展的重要政策手段，财税政策改革必须把加强环境保护与促进经济增长作为相辅相成的双重目标；作为推动绿色增长的手段与措施，技术与非技术创新，如政策，机制与体制创新，缺一不可。

专栏 2-1　经济合作与发展组织国家的绿色增长新方案

❖ 绿色投资银行（英国，2010 年）：将于 2012 年设立，初期公共投入为 30 亿英镑，旨在为低碳项目融资。

❖ 明日农业（丹麦，2009 年）：对环境、自然和气候进行高度保护的现代农业。

❖ 国家绿色增长计划（韩国，2009 年）：制定绿色增长的综合性政策框架，实现绿色增长规划和项目每年占国内生产总值的 2%的目标。作为“绿色新政”的一部分，投入 50 万亿韩圆的资金，力争创造 96 万个绿色就业岗位。

❖ 绿色创新（日本）：旨在创建 50 万亿日元的资源与环境友好型技术市场以及 140 万个相关的新就业岗位。

❖ 绿色高层咨询委员会（新西兰）：财政部、经济发展部和环境部部长联合组成高层咨询委员会，寻求以出口创新与中小企业带动的绿色增长点。

资料来源：“迈向绿色增长——决策者综述”，OECD，2011

在 UNEP 发起的全球绿色经济倡议中，绿色投资、政策与机制改革相结合是 21 世纪全球经济可持续复苏与创造绿色就业，实现绿色经济发展的基础。UNEP 在经济危机期间提出的“全球绿色新政”得到了各国的响应。在 2009 年金融危机期间，G20 国家共投入 4.5 兆亿美元的经济刺激的财政计划，至少 15%用在了与绿色投资相关的领域，在中国的 5 860 亿美元的经济刺激计划中，有 2 000 亿美元可视为“绿色刺激投资”。但最重要的是，绿色经济并不只是在短期内，对金融与经济危机的暂时反应与行动。UNEP 的全球绿色经济倡议同时强调绿色投资与各个国家中长期战略规划相结合。UNEP 的情景估算显示，在 2010—2050 年，如果用全球年 GDP 的 1%～2%投资于 10 个环境和社会发展相关的重点领域，得到的经济、社会与环境收益将相当于在正常情况下，对整个经济活动（生产与就业）的投资收益加上环境收益。

在全球绿色行业转型中，作为日益国际化的中国企业，也将发挥越来越积极的作用。作为走向国际市场的第一步，中国企业特别是在传统“黑色”和“棕色”行业的企业，积极参与国际绿色企业活动，是向低碳与绿色转型发展迈出的重要起点。

专栏 2-2　中国企业参与国际可持续水泥行业发展行动（CSI）

CSI 是由全球 23 个大型水泥企业组成的可持续发展行动企业联盟。到 2001 年，已包括中国的 5 家大型水泥企业，例如华润集团，中国建筑材料集团有限公司，中材集团，亚泰集团，天瑞集团。CSI 路线图是企业联盟在全球范围内引领本行业可持续发展的共同行动承诺。具体行动包括：

- 引进先进监测手段，对 CO_2 减排的监测；
- 在此基础上，制定 CO_2 减排战略，并公布其目标与进展；
- 参与全球水泥行业 CO_2 排放与水泥使用的信息数据库（GNR-Getting the Number Right）的建设；
- 向在建的信息数据库提供减排信息。

CSI 已成为中国企业参与国际可持续发展联盟的成功的起点。在这一联盟中，不仅取得了宝贵的信息与技术交流的经验，同时也为国际社会展现了中国在传统“黑色”与“棕色”行业的技术进步与新形象。与其他国际水泥企业联合，如 Lafarge、Holcim 等，中国的 CSI 加盟企业为国内其他企业在健康与安全、节能减排、新能源技术等领域开展了各种交流、培训与能力建设的活动。

资料来源：世界可持续发展工商理事会

2.3 性别视角下的绿色经济发展——性别平等战略

真正的可持续“绿色经济”应该包括：经济发展不能超越资源的承载力，确保资源在不同国家、不同社会组织以及男人和女人之间的公平分配。政府应该用公正的方式管理环境资源，包括人权、性别平等和环境正义[①]。

2009 年 2 月，联合国环境规划署理事会/全球部长级环境论坛第 25 届会议报告指出，“女性和儿童应从向绿色经济的过渡中获益，不应使他们蒙受此种过渡带来的任何负面影响”；妇女能够在绿色经济中发挥很大的作用；在向绿色经济转型的过程中，应该让妇女参与进来，为妇女提供更多的就业就会。

“里约+20”联合国可持续发展大会妇女委员会在一份报告中指出，妇女多在非正规部门就业，而“绿色工作”计划往往投资于正规部门，从某种意义上说，绿色工作威胁了妇女的生计。为此，相关的政策与立法应该为妇女参与绿色经济提供保障，包括：（1）保障妇女的财产权，特别是对土地的所有权和经营权，增强妇女对自然资源的控制能力。（2）在土地经营、水资源管理、能源利用、企业经营等方面为妇女提供技术支持与服务。（3）为妇女提供安全的卫生与健康服务，包括性健康和生殖健康。（4）倡导男女共同承担家庭责任，使在业妇女能够更好地平衡工作与家庭的矛盾。（5）在融资方面，为妇女提供信贷和资金支持，促进投资中的性别平衡。（6）促进决策中的性别平等，包括在政府管理和企业管理等方面。

2.4 对中国发展绿色经济的启示

对中国而言，绿色经济转型是对以往粗放式经济发展模式的反省，是对如何同时实现经济、社会和环境效益的探索。有 4 方面的国际经验值得中国学习和借鉴：

（1）充分尊重市场在资源配置中的基础性作用，政府不能过多干预市场运行。同时，应重视政府对绿色经济发展的引领作用，强化政府对市场的监管和政策引导，弥补市场失灵带来的资源浪费和环境污染等负外部性。

（2）宏观经济政策与绿色产业转型的协调配合至关重要，财政与税收政策应在推进产业结构的转型与升级过程中充分发挥作用。

（3）科技研发与创新是行业内部绿色转型与跨行业间协调发展的重要动力。

（4）发达的工业化国家产业结构与经济结构绿色化的过程在一定程度上通过贸易和对外投资带来了污染和棕色产业的转移。中国应充分重视、警惕并积极应对进口和对外招商引资过程中的污染转移问题。

（5）要高度重视妇女及妇女组织在绿色发展中的主导、引领和参与作用。在就业、金融信贷和资源产权等制度设计方面，为妇女参与绿色发展建立支持性框架。

① ENERGIA， Global Forest Coalition， WOCAN and WECF. A Gender Perspective on the “Green Economy”: Equitable, healthy and decent jobs and livelihoods. http://www.unep.org/civil- society/Portals/ 59/Documents/ 12_GMGSF. 2011-02-20.

3 绿色经济发展的条件和动力：中国特有的挑战和机遇

3.1 中国绿色经济发展的基本条件

中国以往实施的经济转型既有成功，也有不足，在这些实践基础上借鉴国际经验，中国发展绿色经济应当以以下基本条件为出发点：

3.1.1 政府的决心和战略部署是绿色经济发展的政治基础

（1）无论在国家层面还是地方层面，超越“唯 GDP 论”要在政策制定和实施层面充分体现。

（2）经济结构转型与政策体制改革是推动绿色经济发展的主要动力与保障。

（3）绿色理念要在政策制定过程中逐步主流化，并从多维度体现。宏观经济政策、区域发展政策、产业政策以及环境保护与创新政策的有机结合，是推动绿色经济发展的政策主体。

（4）在绿色转型中，传统产业的就业人群在转型中往往会做出较大的牺牲。要对其进行适当保护，在产业的转产及职工就业安置方面予以合理补偿。

3.1.2 政府的定位与角色是实现绿色转型的关键

（1）避免政府对经济发展的直接控制，不能只抓项目建设，而要强化政府在公共服务的提供及其均等化中发挥的主导与支持作用，其中既包括基础设施建设，也包括教育、健康、医疗等社会服务的提供，旨在为长期的效益提高和包容性发展奠定基础。

（2）避免政府在市场运行中的越位与错位，从而导致过分干预定价、资源配置或竞争，以致阻碍绿色经济的转型与发展；政府应当用政策调整价格，用价格引导企业，引导与支持市场机制的不断完善。

（3）避免政府在投资项目和技术创新上大包大揽。政府的作用应集中于规范和引导上，充分发挥企业的主体作用，对企业的创新等行为适当予以财政补贴或贷款的贴息等鼓励性政策。与企业须联手建立合作伙伴关系，从而实现绿色经济转型所需的投资规模与发展速度。

3.1.3 有效与完善的市场机制是推动创新与绿色发展的驱动力

（1）企业应成为国家绿色创新体系建设和绿色经济转型过程的主体，特别是要发挥中小企业在绿色转型和创新中的作用，提升中小企业的自主创新能力，不断为市场注入新的活力。

（2）以解决资源低价、环境廉价为出发点，明确界定资源环境产权，逐步完善反映资源稀缺和环境成本的价格形成机制。引入市场机制，建立健全采矿权、探矿权、排污权等资源环境产权交易制度和生态补偿制度。

（3）让绿色产业在绿色转型过程中越来越有利可图，以吸引资本市场对绿色产业的投资，以此扩大绿色资本市场。积极引导与充分发挥资本市场在绿色投资中的作用，改善绿色创新和创业的融资模式与机制，从而改善投资效率，进一步扩大绿色投资规模，加快绿色转型的速度。

（4）绿色转型不仅是为绿色生产创造更大的收益，也要使绿色消费获得更大的收益，从而带动绿色经济的整体转型与发展。积极引导生产端和消费端的资源有效利用，以提高绿色生产和绿色消费共同发展的综合效益。

3.2 中国绿色发展历程：起点和尝试

在中国的政策讨论中，绿色经济不是一个新的概念。过去十多年来，针对环境和经济增长之间的关系，中国政策研究者和领导层已经提出了相关概念。同时，为了促进中国的绿色发展，已经引入了相关的法规和政策工具，这些都产生了显著的效果，并提供了有价值的经验。表 3-1 对中国绿色发展的历程进行了归纳，从政策层面列出了绿色发展探索历程的重要节点，这些政策为“十二五”以“绿色发展”为核心的结构调整和发展战略目标确定奠定了基础。

经济发展模式的转型首次在 1996 年发布的《国民经济和社会发展第九个五年计划和 2010 年远景目标》中作为一项关键政策信息出现。

2003 年，中国政府提出了“科学发展观”概念。即在社会生产、流通、消费等的各个领域，切实合理利用各种资源和保护环境，提高资源利用效率，以尽可能少的资源环境消耗获得最大的社会经济效益，并作为国家“十一五”规划（2006—2010 年）中的重要内容付诸实施。

2005 年国务院常务会议原则通过了《国务院关于落实科学发展观　加强环境保护的决定》，强调中国必须统筹经济、社会、环境协调发展，将经济建设和社会发展置于资源禀赋、环境容量、生态状况、人口数量等基础之上，综合考虑资源和生态环境等因素，明确不同区域的功能定位和发展方向。

表 3-1　中国绿色经济发展的历程（1996 年以来的关键节点）

时间	关键词	描述
1996	转变经济增长方式	《国民经济和社会发展“九五”计划和 2010 年远景目标纲要》中明确提出：“……要切实把经济工作的重点放在转变经济增长方式上……”
1997	《节约能源法》	于 1998 年实施，以立法的形式促进全国能源节约，提高能源利用效率和经济效益，保护环境，保障国民经济和社会的发展
2002	《清洁生产促进法》	于 2003 年 1 月 1 日起施行，意味着中国的清洁生产工作进入全面推进阶段

时间	关键词	描述
2003	科学发展观	提出“坚持以人为本，树立全面、协调、可持续的发展观，促进经济社会和人的全面发展”的科学发展观
2005	《可再生能源法》	标志着中国通过立法来促进和发展可再生能源，保障国家能源安全，防治能源利用带来的环境污染和生态破坏，加速可再生能源利用的新能源革命
2006	节能减排	“十一五”期间单位国内生产总值能耗降低 20%左右、主要污染物排放总量减少10%
2007	建设生态文明	十七大报告指出“建设生态文明，基本形成节约能源资源和保护生态环境的产业结构、增长方式、消费模式”
2007	《节约能源法》	于 2008 年实施，明确提出“国家实行节约资源的基本国策，实施节约与开发并举、把节约放在首位的能源发展战略”
2008	《循环经济促进法》	于 2009 年正式实施，意味着中国的循环经济进入全面推进阶段
2009	二氧化碳减排	中国政府决定到 2020 年全国单位国内生产总值二氧化碳排放比 2005 年下降40%～45%，作为约束性指标纳入“十二五”及其后的国民经济和社会发展中长期规划，并决定到 2020 年中国非化石能源占一次能源消费的比重达到 15%左右
2010	《可再生能源法》修订	对各类可再生能源的开发利用作出了统筹规划的规定，并确立了全额保障性收购的重要制度
2011	“十二五”规划全面贯彻和实施绿色发展战略	《国民经济和社会发展第十二个五年规划纲要》提出“绿色发展，建设资源节约型、环境友好型社会”

2006 年，在第六次全国环境保护大会上，温家宝总理指出了加速实现“三个转变”的重要性和紧迫性：

（1）从重经济增长轻环境保护转变为保护环境与经济增长并重，在保护环境中求发展；

（2）从环境保护滞后于经济发展转变为环境保护与经济发展同步，努力做到不欠新账，多还旧账，改变先污染后治理，边污染边治理的状况；

（3）从主要用行政办法保护环境转变为综合运用法律、经济、技术和必要的行政办法解决环境问题，自觉遵循经济规律和自然过渡，提高环境保护工作水平。

面对 2009 年全球金融危机时，中国取得了令人印象深刻的进展，起到了“绿色经济复苏”的领军作用。在中国的财政刺激方案下，大量的经费分配给了战略性和高科技领域的投资项目，例如，节能、再生能源、铁路运输和电动车辆项目。通过“确保经济增长、扩大国内需求以及调整经济结构”，经济得以复苏，这不仅反映在对短期经济稳定性的明确而强有力的重视，而且也反映在长期经济结构的重新定位和经济可持续性。

在“十一五”期间，绿色发展已经被认为是一个战略的长期的重新定位的目标，并且被界定为“以人为本的科学发展方式，这是一条产业化的新路径，也是适合中国国情的最好道路”①。

“十二五”伊始，绿色经济发展被给予更多重视，并成为今后五年经济发展和结构调整的重

① 胡鞍钢.中国的绿色发展之路（第二部分）. http://www.chinadialogue.net/article/show/single/en/135-Green- development-the-inevitable-choice-for-China-part-two. 2006-06-26.

要方向。“十二五”规划的总体战略目标是加快中国经济增长方式的结构转型，以实现包容的、绿色的以及有竞争力的经济复苏。

3.3 中国绿色经济发展的重大挑战

中国绿色经济的转型虽然已经起步并取得了积极进展，但距离绿色经济发展的最终目标还有很大的差距。应当清醒地认识到中国发展绿色经济在资源环境、体制机制、法律法规与政策、科技创新能力、社会绿色道德体系等方面均面临着诸多挑战和难题，全球经济一体化也为中国发展绿色经济带来的严峻的外部压力。

3.3.1 资源环境压力巨大

中国经济面临着工业化、城市化和农业现代化同步发展的进程，这给能源安全、生态多样性保护以及环境承载能力带来了巨大压力，同时也增加了中国经济转型所面临的复杂性和综合性。

（1）资源短缺。中国经济总量巨大，增长快速，但大总量和高增速是建立在超前消费、对资源过度使用和浪费的基础上的，当前的资源利用方式粗放，资源供给严重不足，难以满足经济发展的巨大需求。人口多、底子薄、资源相对不足、生态环境脆弱是中国的基本国情。中国人均耕地面积不到世界平均水平的 1/2，人均水资源占有量仅为世界平均水平的 1/4，人均森林面积仅为世界平均水平的 1/5，45 种主要矿产资源人均占有量不到世界平均水平的 1/2，而我国的单位 GDP 能耗高出世界平均水平 70%，单位建筑面积采暖能耗比发达国家高出 2～3 倍。这一低一高，加剧了中国的资源短缺与经济发展的矛盾。

（2）能源需求大、利用结构亟待优化。据国家能源局预测，到“十二五”规划末期，能源需求量达到 50 亿 t 标准煤。按照能源产量“十一五”平均增速年增长 1.6 亿 t 标准煤计算，“十二五”末期的能源产量只能达到 40 亿 t，供需之间的缺口较大。从能源供给结构看，以煤为主的能源供给和消费结构长期内仍将延续，非化石能源的开发利用比例偏低。从能源消费结构来看，高耗能、高排放和高污染行业比重偏高，结构调整的任务依然艰巨。

（3）环境污染问题严重。“十一五”时期，对中国环境形势的基本判断是：局部有所改善，总体尚未遏制，形势依然严峻，压力继续加大。环境污染范围在扩大，污染程度在加重，污染风险在加剧，污染危害在加深，治理难度在增加。水环境呈现复杂的流域性污染态势；重点流域的支流中，除珠江支流污染较轻外，其他流域支流都受到不同程度污染；湖泊富营养化呈加重趋势。城市空气环境质量尚未根本好转，煤烟型大气污染逐步向区域复合型污染转变；京津冀、长三角、珠三角等地城市灰霾天气频率普遍提高。工业及城市生活污染向农村转移；农村生活和农业生产污染呈加重趋势；土壤污染源多面广，危及农村饮水安全和农产品安全。部分生态系统功能退化；物种濒危程度加剧，遗传资源丧失和流失，生物多样性受到威胁。核与辐射环境安全压力不断加大。

3.3.2 体制机制缺陷制约绿色转型

（1）政府职能缺位、越位和错位问题突出。以 GDP 为导向、盲目追求经济发展是当前制约中国绿色发展的巨大障碍，导致了政府在政策执行和管理中，越位、错位和缺位现象严重。行政权力过多介入市场和资源配置过程，影响了市场效率的充分发挥。政府未能有效发挥市场监管职责，在矿产资源开采、污染排放、食品安全等领域监管不到位甚至缺位。

（2）财税体制存在弊端。土地的买卖、基建项目的审批及区域经济发展中仍存在种种体制和机制弊端。同时，在中央与地方间，现行财政分权体系中的问题造成地方政府的事权和财权不对应（图 3-1）。特别是在环境保护与医疗、卫生及基础教育等公共服务领域，地方政府尤其是经济不发达地区的政府往往过于依赖中央财政补贴，而当地财政投入的空间与力量有限，造成了这些欠发达地区的经济、社会和环境发展的恶性循环。

（3）资源环境产权与价格机制存在障碍。目前资源环境产权制度建设滞后，所有权和使用权权责不清。同时，资源环境产品价格形成机制不完善，现有的水、电、油、气和排污权等价格仍不能反映稀缺性成本。产权与价格机制的弊端在很大程度上也阻碍了在绿色经济转型过程中，创新市场机制的建立和发展。

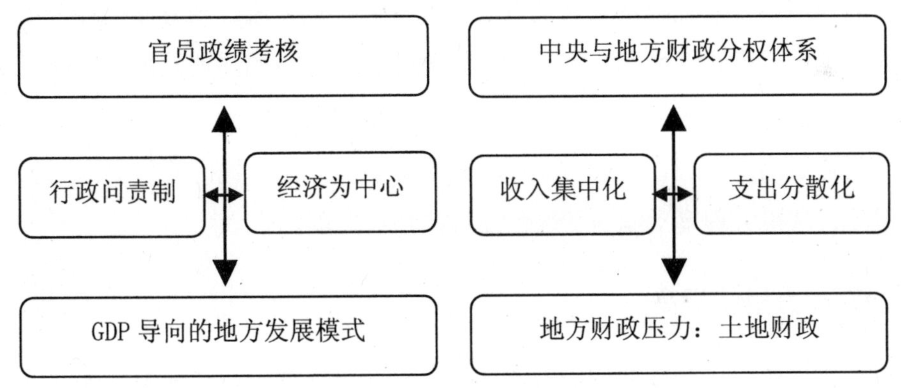

图 3-1 官员政绩考核和财政分权体系

3.3.3 法律法规与政策工具的支撑不足

保障与促进绿色经济发展的法律法规及政策工具涉及的领域极其广泛，既有行政命令的，又有市场性的，在具体的政策工具层面，以下几个方面的问题尤为突出：

（1）促进绿色经济发展的法律政策体系尚不健全。目前，中国的绿色经济发展在法律法规保障上主要存在三个方面的问题：①有关发展绿色经济的法律法规条文相对分散，尚未形成相互协调配合的、完善的绿色经济发展法律政策体系；②一些现行法律法规和政策缺乏可操作性，在实践中对绿色经济的促进和保障作用较弱；③财政、税收、金融、价格和补偿机制等各种经济手段之间缺乏互动和联动机制，各种政策工具政出多门、目的不一，难以形成政策合力，导致政策效果的力度有限；④由于地方保护主义、功利主义以及本位主义的存在，使得执法不严成为制约我国绿色经济发展的一个重要问题。

（2）绿色财政投入不足，投资结构不合理。国家财政对绿色经济发展的投入不足，突出表现在如下方面：①中央和地方预算投入过少，没有建立稳定的预算投入科目和机制；②现有的有关绿色经济发展方面的投资分散，难以形成合力；③财政投入机制不健全，目前的绿色经济发展投资仍主要以国家预算投入为主，地方政府和社会参与绿色投资的激励不足；④从投资结构来看，大量的环境保护投资集中于环保的硬件与设备投入和城市绿化投入方面，真正用于工业污染治理的投资额度非常有限。

（3）绿色税收体系尚未完全建立。目前中国的绿色税收体系尚未完全建立，资源和环境税税种设置不全。在现行排污收费制度下费率过低，企业没有足够的动力进行污染治理与技术创新。从绿色消费角度来看，税收政策作为激励绿色消费的手段发挥的作用越来越显著，然而如何使用此类政策工具并同时有效避免其产生负面影响的问题仍有待解决。

（4）促进绿色经济发展的社会融资机制不健全。资金问题是制约全球绿色经济发展面临的普遍障碍。近年来，尽管中国政府绿色经济领域的投资逐渐增大，但对于绿色经济的持续发展而言，单靠政府的投资是远远不够的，需要调动社会各方面的力量，为绿色经济的发展提供持续的动力。目前，中国在绿色经济发展的资金来源方面存在矛盾。一方面发展绿色经济是大势所趋，却缺乏持续的资金投入来源；另一方面，随着中国经济的高速发展，民间已经积累了大量资金，却缺少绿色投资的渠道。造成这一矛盾的主要原因是缺乏有效的融资机制，资金的需求和供给之间的通道尚未打通，政府对于绿色投资的引导不足，民间投资渠道不畅且投资安全得不到有效保障，从很大程度上制约了绿色经济的持续发展。

3.3.4 科技创新能力亟待提高

（1）国家统筹绿色技术创新的能力有待加强。目前尚缺乏绿色技术引进和开发的综合性规划。绿色经济发展的关键领域目前仍以技术引进为主，关键技术和集成性技术缺乏，技术竞争能力薄弱。技术创新的基础性投入不够，没有形成有效的技术创新机制。

（2）中小企业及节能环保技术在国家创新体系中的潜力仍有待发掘。一方面，国家研发投入的推动不足；另一方面，政府对企业自主创新的引导不够，缺乏有利于提高自主创新能力的激励性机制和市场化融资机制。

3.3.5 社会绿色价值和道德体系尚未全面建立

当前，中国尚未建立起与经济社会发展相适应的社会绿色价值和道德体系，这主要表现在：①缺乏政府引导和宣传，社会公众绿色经济意识薄弱，绿色价值理念尚未全面形成，难以对绿色经济发展产生有效的内在驱动。②绿色市场体系建设滞后，管理不严格，绿色产品认证制度不规范，绿色产品市场占有率低，绿色消费市场尚未真正建立。③社会不公问题比较突出，对弱势阶层、妇女、少数民族等群体的关注和支持不够。④基本公共服务均等化建设滞后，公民生存和发展权难以得到有效体现。

3.3.6 外在压力与挑战严峻

中国在绿色转型过程中所面临的外在压力和挑战也极为严峻。如何平衡绿色贸易和投资与绿色保护主义之间的关系，是中国和其他工业化国家面临的重要政治和经济挑战，中国面临的主要外部挑战：①在日益激烈的国际竞争中，贸易保护主义抬头，一些发达国家可能借环境名义实施绿色贸易壁垒，对中国出口构成限制，影响中国对外贸易发展；②一些国外投资商为了获得高额的经济利润和逃避本国高额的成本内在化和绿色贸易管制，利用中国环保标准低、环保管理体系不健全等问题，将高能耗、高污染行业向中国转移，加重中国环境压力；③中国目前作为世界上的温室气体排放大国，在全球应对气候变化的大背景下，面临着日益增大的国际减排压力，这也给中国粗放型的经济增长方式提出了严峻的挑战。

3.4 绿色发展新动力与新机遇

尽管中国发展绿色经济面临诸多方面的挑战和困难，但中国所面临的机遇与动力也是前所未有的，这些动力与机遇来自于政府决心、市场机制、社会参与以及国际趋势。

3.4.1 国家意志是绿色经济发展的核心动力

绿色经济对于中国不是一个全新的概念。近年来，中国政府提出了以科学发展为主题，以转变经济发展方式为主线的战略决策和部署，体现了中国政府发展绿色经济的强烈政治决心和意愿，成为绿色经济转型的核心动力。

（1）国家“十二五”规划对绿色发展进行总体部署

2011 年 3 月全国人大批准通过的国民经济和社会发展“十二五”规划被称为中国的绿色发展规划。绿色经济发展已成为今后五年及中长期经济发展和结构调整的重要方向。“十二五”规划的总体战略目标是加快经济增长方式的结构调整，以实现包容、绿色以及有竞争力的经济发展模式，规划共包含了 8 个与绿色经济发展直接相关的宏观经济与环境发展指标（表 3-2）。

表 3-2 “十二五”规划中的主要目标（目标期为 2015 年）

目标	说明	预期性/约束性
经济增长与经济结构	年均 GDP 增长 7% 服务业增加值达到 GDP 的 47% 城市化率达到 51.5%	预期性

目标	说明	预期性/约束性
能源、气候与环境	全国万元国内生产总值能耗下降到 0.869 t 标准煤（按 2005 年价格计算），比 2010 年的 1.034 t 标准煤下降 16%，比 2005 年的 1.276 t 标准煤下降 32% “十二五”期间，实现节约能源 6.7 亿 t 标准煤 单位 GDP 碳排放量下降 17% 非化石能源占一次能源消费比重达到 11.4% 单位工业增加值水耗降低 30% 全国化学需氧量和二氧化硫排放总量分别控制在 2 347.6 万吨、2 086.4 万 t，比 2010 年的 2 551.7 万 t、2 267.8 万 t 分别下降 8% 全国氨氮和氮氧化物排放总量分别控制在 238.0 万 t、2 046.2 万 t，比 2010 年的 264.4 万 t、2 273.6 万 t 分别下降 10% 森林覆盖率达陆地面积的 21.66%，森林蓄积量 143 亿 m^3 耕地保有量保持在 18.18 亿亩	约束性
经济竞争力	研发支出占 GDP 比重达到 2.2% 战略性新兴产业增加值占 GDP 比重达 8%左右	预期性
社会发展	城镇新增就业人数年均增加 4 500 万个 城市登记失业率降至 5%以下	预期性

在“绿色经济”的行业发展战略中涉及绿色农业、绿色工业与绿色服务业的相关优先发展领域见表 3-3。

表 3-3 “十二五”规划中促进绿色发展的关键战略

行业	优先发展领域
农业	发展“现代化”农业，增强粮食安全保障能力 推进农业结构战略性调整，完善现代农业产业体系 加快农业科技创新，健全农业社会化服务体系 不断拓宽农民增收渠道
工业	从技术创新能力、能效和环境绩效、产业结构和地区分配、中小企业发展等方面，改造提升传统制造业 培育并发展战略性新兴产业，即节能和环保，下一代的信息技术（ICT）、生物、高端装备制造、新能源、新材料、新能源汽车等。到 2015 年，这些战略性新兴产业增加值预计占中国 GDP 的 8%
服务业	加快发展生产性服务业，推动生产性服务业与先进制造业的融合。有序拓展金融服务业、大力发展现代物流、高技术服务业，规范和提升商务服务业 大力发展生活性服务业和旅游业，鼓励家政服务、养老服务和陪护服务等家庭服务业发展 营造有利于服务业发展的环境，在水、电定价、税收和公共采购等领域，完善支持服务业的政策框架

（2）节能减排综合方案明确具体任务和措施

“十二五” 时期，随着中国工业化、城镇化进程加快和消费结构持续升级，能源需求呈刚性增长，受国内资源保障能力和环境容量制约以及全球性能源安全和应对气候变化影响，资源环境约束日趋强化，节能减排任务十分艰巨，也成为“倒逼”经济发展方式转变的重要抓手。《“十二五”节能减排综合性工作方案》（国发[2011]26 号），提出了 12 个方面、50 条政策措施。

专栏 3-1 国务院推进“十二五”节能减排管理的八个重要方面

➢ 一是合理控制能源消费总量。将固定资产投资项目节能评估审查作为控制地区能源消费增量和总量的重要措施。

➢ 二是强化重点用能单位节能管理。依法加强年耗能万 t 标准煤以上用能单位节能管理，开展万家企业节能低碳行动。

➢ 三是加强工业节能减排。重点推进电力、煤炭、钢铁、有色金属、石油石化、化工、建材、造纸、纺织、印染、食品加工等行业节能减排。

➢ 四是推动建筑节能。制订并实施绿色建筑行动方案，从规划、法规、技术、标准、设计等方面全面推进建筑节能。

➢ 五是推进交通运输节能减排。积极发展城市公共交通，开展低碳交通运输专项行动，加速淘汰老旧交通运输工具。

➢ 六是促进农业和农村节能减排，治理农业面源污染，加强农村环境综合整治，实施农村清洁工程。

➢ 七是推动商业和民用节能。在零售业等商贸服务和旅游业开展节能减排行动，在居民中推广使用高效节能家电、照明产品，鼓励购买节能环保型汽车。减少一次性用品使用，限制过度包装。

➢ 八是加强公共机构节能减排。新建建筑实行更加严格的建筑节能标准，加快办公区节能改造。

资料来源：国务院. 《“十二五”节能减排综合性工作方案》（国发[2011]26 号）

（3）积极探索中国环境保护新道路

2007 年经国务院批准，中国工程院和环境保护部共同组织实施了中国环境保护宏观战略研究，研究首次提出了中国环境保护新道路，明确了中国到 2050 年环境保护的“三步走”战略目标和主要任务。

专栏 3-2 中国环境保护新道路

中国环境保护新道路的内涵：代价小、效益好、排放低、可持续

六大框架体系：

- 适合国情的环境战略体系
- 全防全控的防范体系
- 健全高效的环境治理体系
- 环境政策法规标准制度体系
- 完备的环境管理体系
- 全民参与环境保护的社会行动体系

专栏 3-3 中国环境保护宏观战略目标

总体目标:

着眼于我国环境质量的全面改善和生态系统的完整与稳定，促进环境保护和经济社会的协调发展，努力提高国家的可持续发展能力，使人民群众喝上干净的水、呼吸清洁的空气、吃上安全的食物，保障人民群众在良好的环境中生产生活，确保人体健康，全面实现与现代化社会主义强国相适应的环境质量目标。

具体目标（2020—2050 年）:

- 在 2020 年之前实现“两个有效”：主要污染物排放得到有效控制，环境安全得到有效保障。
- 在 2030 年之前实现“两个全面”：污染物排放总量得到全面控制，环境质量全面改善。
- 在 2050 年之前实现“两个适应”：环境质量与人民群众日益提高的物质生活水平相适应，与现代化社会主义强国相适应。

资料来源：中国工程院和环境保护部《中国环境宏观战略研究》，2010

3.4.2 政府引导与市场机制相结合拉动绿色经济发展

改革开放 30 年，国家不断加大基础设施建设投入力度，在交通运输、邮电通信基础网络和城市基础设施建设等方面取得了显著成效，基础设施均等化程度不断提高。在“十一五”期间，财政刺激方案的作用下，通过大量政府公共财政投入并带动市场资金投向可再生能源、节能建筑、铁路交通和电动汽车领域，对推动节能环保产业发展起到了积极作用。“十二五”期间，中国节能减排与环保产业以 15%～20%的速度增长，将有望成为全球最大的绿色技术、产品与服务市场。

自 1978 年以来，中国市场化改革经历了从起步到全面深入的历程，对中国经济和社会的发展产生了广泛而深远的影响。随着中国市场化改革的不断深入，特别是当前国家正在研究设立环境税和碳税，加快改革资源税和消费税，起草制订生态补偿条例等，都将有助于还原资源和环境的真实成本，通过市场自身调节来填补资源和环境的价值洼地，为中国绿色经济的发展不断提供动力和保障。

3.4.3 科技创新带动绿色经济发展

“十二五”规划提出了“把战略性新兴产业培育发展成先导性、支柱性产业”的目标。这一目标不仅涉及节能环保以及与新能源相关的新产业，也对传统工业的升级与转型注入了新的活力。通过战略性新兴产业与传统工业转型升级的同步发展，中国的产业结构将从一个依赖资本密集型和重工业发展的整体结构加速向劳动力更加密集型和知识/技能导向型的结构转变。同时，制造业与服务业的融合所形成的生产性服务业逐步发展成为一种全球经济绿色转型的趋势。以上多层次、多元化的产业结构转型将有助于推动中国在工业化进程中有效利用资源、降低环境成本，从而实现绿色经济又好又快地发展。

绿色产业转型的战略性和长期性目标需要政策、市场、技术与资金全方位的共同支持。通过对中国绿色经济转型进程的经验总结以及对未来发展战略需要的清晰认识，中国的“绿色技术与创新的战略框架”初具雏形（图 3-2），并将不断发展与完善。

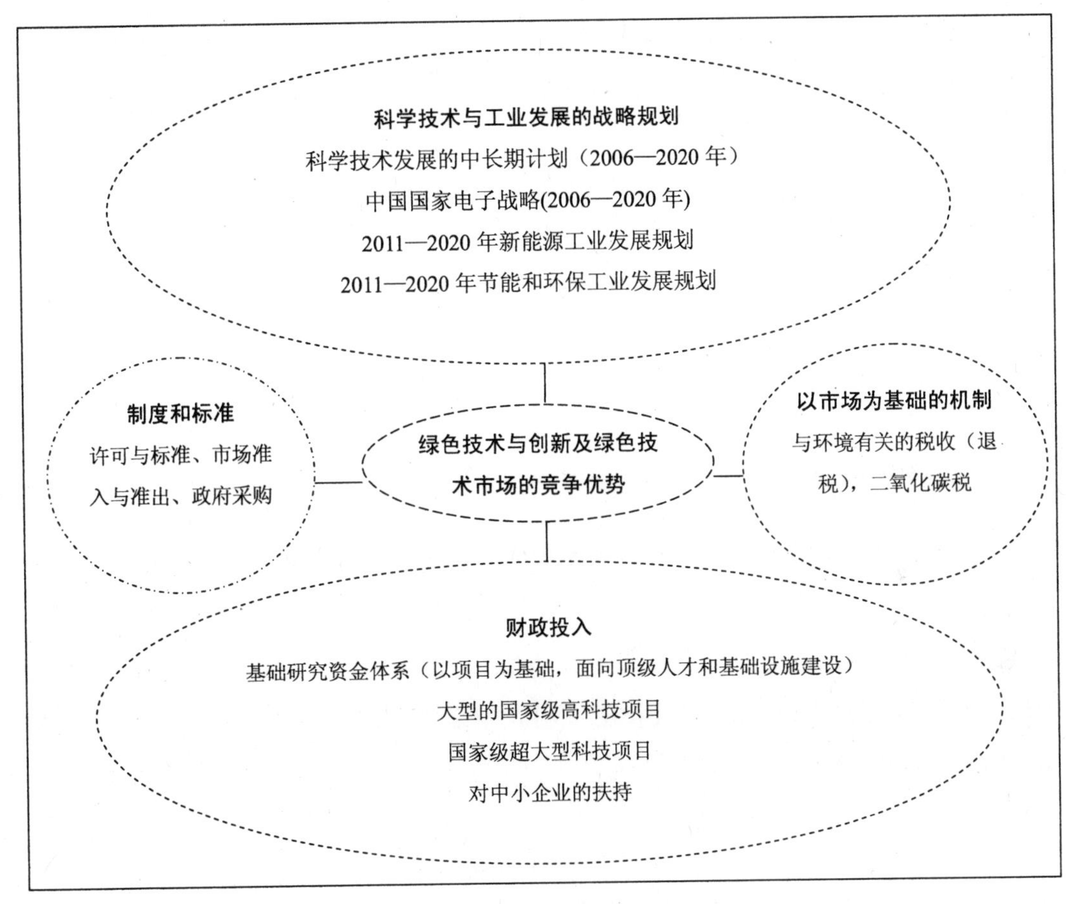

图 3-2　中国绿色创新与产业转型支持框架

3.4.4 社会绿色消费需求增强“倒逼”绿色经济发展

随着人们生活水平的日益提高以及政府倡导力度的逐渐加大，中国消费者的绿色消费意识有了很大程度的提高，绿色消费群体和绿色消费市场的规模也越来越大。特别是近年来，食品安全成为广泛关注的社会问题。公众对于食品安全、绿色消费等需求的不断增强，在一定程度上“倒逼”了商品和服务供给的绿色化，也给政府的市场监管提出了越来越高的要求，从而促进了生产和服务行业的绿色化。

3.4.5 全球绿色发展趋势和要求驱动绿色经济发展

绿色发展已成为世界各国的普遍共识，中国作为负责任的大国，已经加入 50 多项国际环保公约。为积极应对全球气候变化，中国主动提出到 2020 年，单位 GDP 的 CO_2 排放量比 2005 年下降 40%～45%的目标，这是中国政府发展绿色经济的重要承诺。中国正在努力提高行业和产品的环保和能效标准，避免绿色贸易壁垒对出口的负面影响。全球绿色趋势已将成为推动中国企业实现绿色转型的重要外部驱动力。

3.5 客观认识绿色转型利弊——工业绿色转型启示

工业是中国经济的主体产业，工业绿色转型势必会对经济社会发展产生重大影响。作为 30 年来中国经济发展的主要推动者以及最大的能源使用者、污染者，工业领域实施绿色转型至关重要，其转型的成败与否将是中国经济绿色转型的关键。为了更直观地体现中国选择绿色转型之路的短期利弊以及长期的必要性，下面将对中国工业领域的绿色转型进行初步的定性和定量成本收益分析。

3.5.1 工业绿色转型的成本

推动工业向绿色经济转型需要进行数额庞大的节能环保投资，也会产生一定的宏观经济损失，并导致高耗能、高污染工业行业及相关行业就业岗位减少。具体而言，工业绿色转型的成本主要包括：在节能环保方面的投资；潜在的宏观经济损失；能源密集型行业和高排放行业的就业降低；对受到负面影响的人口进行补偿/支付。中国“十二五”与“十三五”期间工业绿色转型的成本估算见表 3-4。

表 3-4 中国工业绿色转型的成本估算

成本类型	估算	
	“十二五”	“十三五”
节能环保投资成本	5.77 万亿元	6.83 万亿元
能源密集型行业和高排放行业的就业降低	95.21 万个	290.79 万个
潜在的宏观经济损失	超过 1 000 亿元	
对受到负面影响的人口进行补偿/支付	取决于相关政策的适用范围和力度	

3.5.2 工业绿色转型的效益估算

工业绿色转型既能实现能源成本降低的直接效益，又可避免在工业部门中出现高耗能、高排放的技术锁定现象，还有促进节能环保产业发展、创造绿色就业的机会，改善制成品贸易条件，以及由于污染物和温室气体排放减少而带来的健康水平的提高等方面的积极效应。具体而言，工业绿色转型的效益主要包括：降低能源成本；改善国际贸易和投资环境；避免能源密集型行业和高排放行业的技术封锁；促进节能环保行业发展，并创造绿色就业机会；通过降低污染和温室气体排放，提高人们的健康水平。中国“十二五”与“十三五”期间工业绿色转型的效益估算见表 3-5。

表 3-5 中国工业绿色转型的效益估算

收益	估算	
	“十二五”	“十三五”
降低能源成本	1.43 万亿元	5.47 万亿元
节能环保行业的发展	总产出： 6.35 万亿元 增加 GDP： 8.08 万亿元	总产出： 7.51 万亿元 增加 GDP： 9.56 万亿元
创造绿色就业机会	1 058 万个	1 252 万个
积极的健康效果/避免负面的健康影响	超过 GDP 的 1%	
避免技术锁定，并改善贸易和投资环境	定性分析	

总之，综合工业绿色转型的成本和效益分析结果，中国选择绿色发展的最重要的出发点，不应停留在当前与中短期的阶段性成本与付出上，而应建立在中国工业绿色转型的根本动力上，即长远而广泛的经济、社会与环境的综合效益。

4 绿色经济发展战略目标、指标与框架设计

4.1 指导思想和原则

4.1.1 指导思想

中国发展绿色经济的指导思想是：以科学发展观为统领，以绿色发展为主题，以加快转变经济发展方式为主线，以产业结构调整为重点，深化节能减排，坚持体制机制和政策创新，充分发挥市场作用，建立有利于绿色经济发展的财税和经贸体系，不断提高经济发展的质量和绩效，使广大民众共享绿色发展成果，增进人民福祉。

4.1.2 基本原则

（1）发展的原则。发展是经济活动的基本特征和要求，绿色经济作为经济活动，其根本目标还是要实现社会福利的最大化，增加财富产出和经济效益是其本质的目标。

（2）绩效的原则。绿色经济不同于其他经济形式的一个重要特征就是讲求发展的绩效，不仅要讲求一般资源投入产出的绩效，更要讲求公共投入品的绩效，包括资源、能源和环境投入的产出绩效，要求以最低的公共投入产品，得到最大的绩效产出。

（3）可持续的原则。绿色经济是可持续发展的主要组成部分，是可持续发展的重要载体。在发展绿色经济过程中，要注重资源和能源的可持续开发和利用，不能突破发展的极限，同时注重发展的代际之间的公平，不以透支下一代的资源、能源和环境质量作为发展的代价。

（4）协调的原则。绿色经济的发展要体现时间和空间上的协调一致。在时间上，绿色经济的发展不是一蹴而就的，是一个循序渐进的过程，有一个从量变到质变的过程，需要一定时间的准备和积累；在空间上，绿色经济的发展强调区域之间的协调一致，针对不同区域，提出符合自身发展绿色经济的策略和有效途径，根据各区域主题功能定位的不同，明确自身的发展模式、发展方向和发展目标，实现协调发展。

（5）实事求是的原则。绿色经济的发展应与当地的实际情况相结合，体现实事求是的原则。在时间上，要与国家和地方的发展程度和水平相适应，制定相应的政策，采取适当的措施；在空间上，要结合国家和地方的实际情况，与一个地区的资源条件、环境禀赋和发展优势相结合，扬长避短，找到一条适合自身条件的绿色经济发展道路。

（6）公平的原则。绿色经济的发展，要充分体现公平和均等化的原则，兼顾不同社会群体之间的公平，包括不同性别、不同阶层、不同民族之间的公平，做到发展成果为大众共享。发展绿色经济，尤其要特别关注弱势阶层、少数民族和妇女的发展，让他们能够充分享受到发展绿色经济带来的益处，共同进步。

4.2 战略目标和指标

4.2.1 总体目标

中国绿色经济发展的总体目标是：在经济平稳较快发展的同时，综合采取法律、行政和市场手段，加快经济发展方式绿色化转变，经济发展的资源和能源绩效显著提高，单位经济产出的污染排放水平显著降低，绿色经济发展的内生动力逐步加强，保障绿色经济发展的各项能力显著提高，完善和实施有利于绿色经济发展的体制、机制和政策体系，经济发展走上一条平稳、高效、低耗、低排的可持续发展道路。

4.2.2 阶段目标

为了实现绿色经济的总体发展目标，结合国家“十二五”规划纲要和2020年全面实现小康社会的目标要求，综合考虑国家中长期发展的整体目标，根据中国绿色经济的发展基础和条件，绿色经济的发展可以分为两个阶段，实施两步走的战略，第一阶段目标年为2020年，第二阶段目标年为2050年乃至更长的发展时期。

第一阶段是绿色经济的发展和调整期。在这一时期，国民经济保持平稳较快发展，经济结构调整取得实质性进展，工业结构继续优化，战略性新兴产业发展取得突破，强化经济发展的资源和环境约束，经济发展的资源占有率和污染物排放总量显著降低，进一步理顺绿色经济发展的各方关系，加强创新保障，逐步形成有利于绿色经济发展的体制机制，进一步完善法规政策，初步建成绿色经济发展的要素体系和战略框架体系。

第二阶段乃至更长的发展时期，是绿色经济发展的巩固和提高时期。在这一时期，绿色驱动成为经济增长的主要动力，产业结构转型取得决定性的成果，经济结构趋向合理，经济发展走向资源节约和环境友好的可持续发展轨道，保障绿色经济发展的各项体制机制更加健全，形成有利于绿色经济发展的法规政策体系，绿色发展成果渗透到人民生活的各个领域，全面实现我国经济发展绿色转型，为中华民族的伟大复兴奠定基础。

4.2.3 指标体系

绿色经济的新认识以及发展绿色经济的新思路与新战略，对现有的衡量经济社会发展的指标体系提出了新的要求。如何客观和直观地反映绿色经济发展进程及发展成效，也是包括OECD

和UNEP在内的重要国际组织及世界各国广泛关注并持续探索的主题之一。这里重点介绍OECD的绿色增长指标体系、中国国民经济和社会发展“十二五” 规划纲要中提出的区域化绿色发展绩效评估体系、哥伦比亚大学、清华大学与麦肯锡公司联合研究确定的城市可持续发展指数，其中，区域化绿色发展绩效评估体系作为中国“十二五”绿色经济发展的重要评判标准，将在未来五年内得到广泛应用。

（1）OECD绿色增长指标体系

迄今，OECD 在绿色发展的政策研究过程中，已初步建立了衡量宏观经济社会发展的绿色增长指标体系，这一体系对中国发展绿色经济有一定借鉴意义。

专栏 4-1　OECD 绿色增长指标体系

1. 环境和资源生产率	● CO_2和能源的生产率 ● 资源生产率：材料、营养物和水 ● 全要素生产率（TFP）
2. 自然资本	● 可再生资源存量：水、森林、渔业资源 ● 不可再生资源存量：矿产资源 ● 生物多样性和生态系统
3. 环境质量对生活品质的影响	● 环境质量和环境风险 ● 环境生态提供的自然修复与服务功能
4. 经济增长机会和政策措施与响应	● 技术与创新 ● 环境产品与服务 ● 国际资金流动 ● 价格和转移支付机制 ● 技能与培训 ● 政策法规与管理方式
5. 社会经济发展的背景和特征	● 经济增长和经济结构 ● 生产率 ● 国际贸易 ● 劳务市场、教育和收入 ● 人口结构发展趋势

资料来源：经济合作与发展组织，2011

（2）区域化绿色发展绩效评估体系

考虑到区域差异与主体功能区战略实施要求，政府有必要建立区域化的绩效评估体系（表4-1）。在本报告中的绿色发展主要障碍部分，绩效评估体系被视为去除GDP崇拜、考虑区域特征和发展潜力、实施差别化区域绿色发展战略的重要步骤。

在“十二五”期间，主体功能区战略以及区域化绩效评估体系的实施，是超越“唯GDP”论，促进区域协调发展的关键。根据不同地区的社会经济发展基础与特点以及对生态和环境保护的要求，通过关键评估指标与弱化评估指标的区别，来实现与保证经济、社会、环境与生态真正意义上的同步发展。

表 4-1 功能区绩效评估体系

功能分区	关键领域	关键评估指标	弱化的评估指标
优化开发区	转变经济发展方式	• 服务业与高新技术产业增加值比重 • 研发投资比重 • 单位 GDP 能耗、水耗及污染物排放量 • 环境质量 • 吸纳转移劳动力比重	• GDP 增长 • 投资增长 • 出口增长
重点开发区	加快工业化和城市化进程	• GDP 增长 • 非农业人口就业 • 财政收入占 GDP 比重 • 单位 GDP 能耗、水耗及污染物排放量 • 环境质量 • 吸纳转移劳动力比重	• 投资增长率 中西部地区： • 外国直接投资 • 出口增长率
限制开发区	保证农业生产安全加强生态保护	• 生产能力与农民收入 • 环境质量 • 废水、废气和工业废物治理率 • 森林覆盖率与生物多样性	• GDP 增长 • 投资增长 • 工业产出 • 地方财政收入 • 城市化率
禁止开发区	对自然保护区域实行严格控制	• 区域污染物排放	• 旅游业收入和其他经济指标

资料来源：国务院，2011

（3）城市可持续发展指数

在“十二五”以及中长期社会经济发展过程中，城市化的发展是中国绿色经济发展的决定性因素。寻求绿色城市化发展模式以及跟踪绿色城市化的进程，需要一个较为全面与务实的指标体系来评估城市化的发展质量，同时作为可持续城市化发展政策制定的重要依据。作为衡量城市化的一种新工具，“十一五”期间，“城市可持续发展指数”在结合目前全国各大城市的发展现状，综合现有统计数据的基础上，对 112 个城市进行了初步评估（表 4-2)。这一指标体系及其在评估过程中得出的初步结论，对“十二五”期间进一步推动绿色城市化有宝贵的参考价值。

表 4-2 城市可持续发展指数

类别	定义	指标
基本需求	社会公共服务保障、居住条件、教育和医疗服务	● 自来水供给率 ● 居住空间 ● 人均医生数量 ● 师生比例

类别	定义	指标
资源效率	能源、电力和水资源的高效利用 废物循环利用	● 耗电量 ● 耗水量 ● 工业“三废”循环 ● 重工业占 GDP 的比例
环境质量	空气质量和水质 废气、废水、废渣管理	● SO_x，NO_x，PM_{10}浓度 ● 工业 SO_2 排放 ● 废水处理率 ● 垃圾处理率
交通与基础设施条件	城市密集，交通便利程度，绿化面积，供热供暖效率	● 城市密度 ● 公共交通
可持续发展潜力	相关绿色职业扶持与绿色投资	● 节能环保投资 ● 环境专家数量

资料来源：哥伦比亚大学，清华大学与麦肯锡公司

评估结果显示：①各城市对可持续发展投入的力度，如对公共交通设施以及环境保护投入，并不绝对受限于城市的经济实力。有些发达城市环境保护投入并不与经济实力成正比，相反一些经济欠发达城市已经在可持续发展领域作出了较多投入。②可持续城市化是一个全面发展的过程。在发展良好的城市化地区，其经济、环境与社会实现了高度的协调发展。③可持续城市发展有赖于决策层的决心、政府部门的协调、基层部门的积极实施与配合以及有效的评估机制共同发挥作用。④产业结构的调整，与生态环境保护相关的城市规划与建设，以及市场机制与行政手段有效结合，是实现可持续发展城市的共同经验。

4.3 总体思路与框架设计

4.3.1 总体思路

绿色经济发展战略包括发展绿色经济所确定的一系列重点领域、重点任务以及实施和完成这些任务所要求的体制机制、法规政策等保障体系。其实质是建立符合经济、社会和生态环境可持续发展的一体化的战略框架体系。通过这些战略政策的实施，将自然资源、生态环境成本纳入经济和社会行为中，从而促进经济与资源环境协调发展。

中国发展绿色经济要紧紧围绕绿色发展这一主题，突出“两个转型”和“两个创新”（双转双创），以明确增进人民福祉的发展目标。具体而言，就是要坚持把经济结构战略性调整，以加快转变经济发展方式作为绿色经济发展的主攻方向，坚持把提高发展效率、突破资源环境约束作为绿色经济发展的重要着力点，坚持把体制机制创新和科技创新作为绿色经济发展的重要支撑，坚持把加强区域统筹，优化发展布局作为绿色经济发展的重要方式，坚持把倡导绿色消费，倒逼绿色生产作为绿色经济发展的重要推动力，坚持把共享发展成果和增进人民绿色福祉作为

绿色经济发展的根本出发点和落脚点。

（1）调整产业结构，转变发展方式是绿色经济发展的主攻方向。稳定和加强农业的基础地位，促进农业的精细化、现代化、绿色化转型；加大工业结构调整力度，进一步淘汰落后产能，压缩和疏导过剩产能，加快传统产业绿色化改造和战略性新兴产业发展；增加第三产业在国民经济中的比重，大力发展生产性服务业和生活性服务业，注重发展知识密集型服务业和新兴服务业。加强产业间融合，促进三次产业协同发展。

（2）坚持把提高发展效率、突破资源环境约束作为绿色经济发展的重要着力点。加大产业内部和产业之间的资源循环利用，提高资源利用效率。节约与开发并重，着力抓好重点领域的节能降耗工作，大力发展新能源和可再生能源，优化能源结构，摆脱能源束缚。继续深化主要污染物总量减排制度，加强优化和重点开发区以及重点行业的环境准入门槛。

（3）坚持把体制机制创新和科技创新作为绿色经济发展的重要支撑。强化政府公共管理和社会服务功能，减少政府对微观经济活动的干预。健全绿色行政执法体制机制，严格依法行政，强化政府信息公开条例的执行力度。创新环境经济政策体系，重点争取在环境税、环境资本市场、绿色信贷、生态补偿等政策领域取得实质性进展。拓展融资途径，切实加大节能环保投入。实施科技创新战略，坚持自主创新、重点跨越，着力提高企业创新能力，重点研发绿色技术，促进科技成果向现实生产力转化，培养引进具有绿色创造能力的人才。

（4）坚持把加强区域统筹，优化发展布局作为绿色经济发展的重要方式。实施区域发展总体战略，加强跨区域协调合作。鼓励区域间产业有序转移，劳动力和资本等要素合理流动，防止污染转移。各区域间要加强在资源开发利用、环境保护等领域的合作，在执行绿色经济发展重大决策时，充分考虑区域协调发展。实施主体功能区战略，形成不同区域合理分工、彼此协调、相互促进的格局，促进区域经济高效、协调、可持续发展。

（5）坚持把倡导绿色消费，倒逼绿色生产作为绿色经济发展的重要推动力。实施绿色消费宣传战略，推动消费观念转型，特别要重视发挥妇女在家庭消费领域中的主导作用，引导绿色生活方式。重视和强化产品贸易对推动绿色转型的作用。推动企业开展和加强绿色供应链管理，强化流通环节管理，进一步规范政府绿色采购行为。严格绿色标志管理，建立绿色产品体系。加强对绿色产品市场的管理，建立强制退市制度和责任追究机制。

（6）坚持把共享发展成果和增进人民福祉作为绿色经济发展的根本出发点和落脚点。保障不同地区、不同民族、不同阶层和不同性别人群的绿色发展权，提高他们的生活水平。在发展起点、发展机会、发展决策上，更加重视特殊群体的参与和权利，强化对妇女、少数民族及弱势群体的发展支持和保障。有重点、分步骤地推进区域间环境基本公共服务均等化。改革创新现行公共财政体制，建立规范稳定的转移支付制度和与之配套的法律保障制度。

4.3.2 框架设计

绿色经济发展的框架设计，突出一个主题，两大战略，三项任务，通过“双转双创”，实现突破资源环境约束和共享发展成果两大目标，以最终实现增进人民福祉的目的。

框架设计从目标层和任务层两个方面加以考虑。在绿色经济发展的目标层，应体现绿色发展的主题，突出“转型”和“创新”两大战略。围绕“转型”战略，重点强调经济发展方式转型和政府管理职能的转型两个重点领域，明确政府和企业在发展绿色经济中的定位；围绕“创新”战略，重点强调体制机制创新和科技创新两个方面，通过科技进步，为绿色经济发展提供基础动力，通过机制体制创新，为绿色经济发展提供保障。

在绿色经济发展的任务层，根据绿色经济发展的目标设计，特别是“转型”战略，提出了促进区域绿色经济协调发展、大力发展绿色农业、构建绿色工业体系、创建绿色服务业体系和推行绿色消费模式五个方面的重点任务，这些重点任务，涵盖了区域协调发展、产业结构调整和绿色消费拉动等发展绿色经济的重大战略方向。

在绿色经济发展的保障层，依据“创新”战略的具体要求，提出了健全和完善有利于绿色经济发展的法律法规、转变政府职能、深化绿色财税改革、推动绿色科技创新、营造绿色经济发展环境和加强国际合作六个方面的保障措施，较为全面地涵盖了绿色经济发展所要求的各项外围支撑和能力建设的内容，这些保障措施的实施和落实，将为绿色经济的发展提供强有力的支持，奠定坚实的基础。

根据绿色经济发展的总体目标、重点任务和保障措施，考虑到绿色经济发展的长期性问题，结合当前绿色经济发展的重点，结合各项政策措施的可操作性，最后提出了绿色经济发展的重大政策建议（图 4-1）。

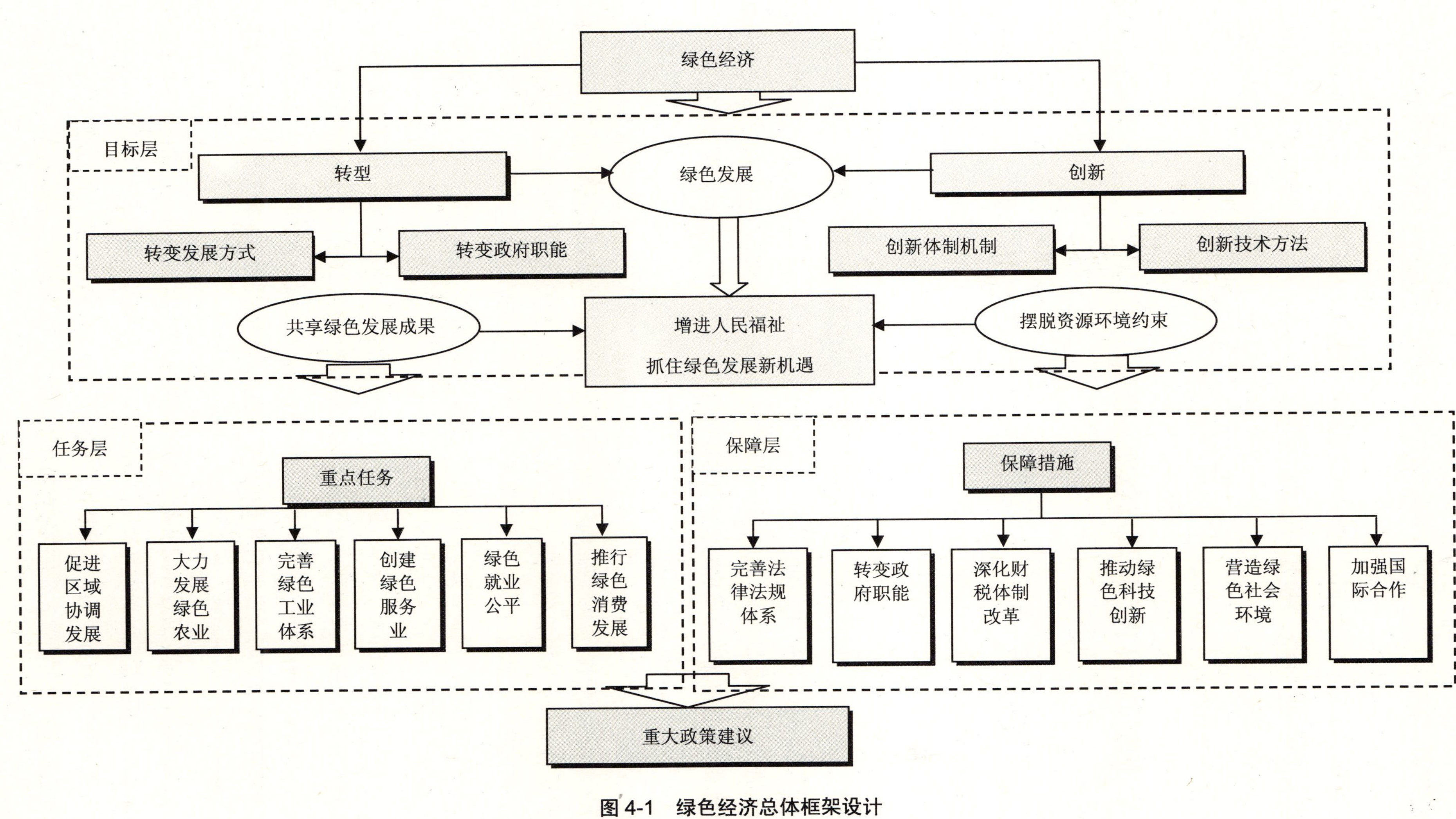

图 4-1 绿色经济总体框架设计

5 绿色经济发展的重点任务

5.1 实施“差异化”区域绿色发展战略

5.1.1 先导与改善并重，促进东部地区全面转型

（1）深化产业结构调整，实施产业全面“绿化”。深入挖掘东部地区在产业配套体系、科技创新能力、资源环境保护经验、金融服务水平等方面的优势，大力扶持电子信息、新材料、生物工程和生物医药等产业的发展，形成高质量的接续产业和新增长点；加强政策优惠和指导，变过去的区域性政策优惠为产业性政策优惠，形成鼓励高新技术产业和地方性先导产业发展的良好政策环境；选准省、地区（市）和县（市）的主导产业，注重基本建设的投入和企业更新改造的投入；加快发展现代服务业的发展，完善基础设施配套，重点发展交通运输、邮电通信、金融保险、商业服务以及房地产业等，提高第三产业在国内生产总值中的比重。

（2）鼓励技术创新，以新兴产业和高新技术发展引领绿色转型。国家和地方政府应利用财税、金融、产业政策、人才培养、政府采购、知识产权保护、进出口、鼓励创业等手段引导创新活动，形成有利于创新创业创造的政策环境、法制环境、市场环境和社会环境。制订促进加工贸易转型升级的中长期发展规划，进一步明确加工贸易转型升级的发展方向、支持的政策措施。针对加工贸易转型升级，结合我国产业结构调整的需要和国际产业发展方向，制订相应的指导目录，鼓励内资企业进入国际化产业链中附加值高、技术含量高的环节，逐步提升我国企业的国际竞争力。

（3）坚持环保优先，实现经济社会资源环境的全面转型。优先发展无污染产业，如软件产业、创意产业、服务产业等；通过降低城市人口密度、建筑密度，增加城市绿地、湿地面积，迁移、停办高污染企业，开展生态城市创建活动，打造最适宜人类居住环境的城市；通过拓展国内外市场发展空间，更多利用国内外自然资源、缓解资源不足的矛盾；通过发展总部经济、横向经济、服务外包经济、海外经济等，推动绿色转型。

（4）先行先试，通过体制机制创新探索绿色发展模式。应进一步深化绿色经济发展的体制机制改革，以打造服务型政府和绿色政府为目标，按照科学发展观和正确政绩观的要求，通过强化政绩考核的目标导向，以解决民生问题为重点，使政府工作着力点更多地集中在解决就业和社会保障、收入和收入分配、教育和医疗卫生、住房和交通、环境和安全等人民群众最直接、

最迫切、最关心的利益问题；同时，通过政府管理体制机制创新，简化程序、提高效率，为企业自主创新创造良好的政治、经济和社会环境。

5.1.2 崛起与治理并重，推动中部地区绿色崛起

（1）发挥“承东带西”的纽带作用，积极承接产业转移。发挥中部地区“承东带西”的区位优势，鼓励中部地区利用自身的区位优势、资源优势及市场潜力加快与东部地区之间的经济融合，实现与东部地区的产业对接；加强与西部地区在政府与企业层次上的资源开发、技术、人力资本等方面的合作，使中部地区承担起东西部地区之间的桥梁纽带作用，进而实现与西部地区的共赢。同时，通过绿色政绩考核、环境风险评估等政策手段防止产业承接可能带来的污染承接。

（2）发挥中部资源和产业优势，促进优势产业集聚发展。利用、发挥和集中中部的资源和产业优势，使资源更加集聚，优势产业更加明显，支柱骨干企业更加突出，鼓励规模较大的优势产业和骨干企业做大做强，增强中部地区的经济发展动力。加快农业产业化进程，坚定不移地走新型工业化道路，要加快中部地区现代新兴服务业的发展水平。发挥中部地区在全国的重要交通枢纽作用，打破市场壁垒和市场瓶颈，着力发展现代物流业，构建大流通、大市场，使中部成为东西部物流的集散地和中转中心。

（3）挖掘潜在地缘优势，提升综合竞争力。鼓励地域相同、经济发展基础相同，又具有类似地缘特征的城市或者产业实施集群化发展，打破行政区划之间的壁垒障碍，加强交流与合作，建立有效的区际协调机制，积极开展跨行政区的区域经济社会发展规划，发挥好政府在经济发展的宏观调控作用和产业引导作用。发挥中部科技人才优势，大力发展高新技术产业，依托武汉、长沙、合肥、郑州等高新技术开发区，重点发展光电子信息、新材料、先进制造技术和生物医药等高科技产业。大力发展文化旅游产业，充分利用中部地区深厚的历史文化底蕴和丰富的旅游资源，建设各具特色和各其所长的文化旅游产业。

（4）发挥中心城市的带动作用，加快城镇化进程。加快城镇化进程，通过该地区一个个作为经济、政治、科技、文化、教育中心和载体的城市发挥带动作用，影响局部地区，进而波及和带动整个中部地区经济发展。继续推动武汉城市圈、长株潭城市群“两型社会”建设综合配套改革，通过这些城市群的聚集、辐射，带动周边地区的发展，以城镇化推动工业化和农业产业化，促进中部地区整个经济社会的全面发展。

5.1.3 开发与保护并重，实施西部地区绿色开发

（1）依托产业基础和资源优势，转变经济发展方式。加快发展生态农业、特色农业，扶持优质农产品生产基地建设和农业产业化龙头企业发展，加强先进实用技术应用和科技服务。积极承接产业转移，推进工业优化升级，积极发展技术引领型产业，优化发展资源利用型产业，特别要推进兼并重组、淘汰落后产能、落实节能减排和防止重复建设。提升现代服务业发展水

平，重点发展旅游、信息服务、电子商务、文化、会展、创意、服务外包和地方金融业。大力提高自主创新能力。继续保持和加大对西部高新区的政策支持力度，扶持科技型中小企业发展。推动重点区域率先发展，成为引领和带动西部大开发的战略高地。

（2）发展和保护并重，探索适合自身的绿色经济发展道路。西部地区发展绿色经济既要千方百计迅速发展经济，也需要结合当地的生态环境来制定相关的经济发展政策，坚持所有的经济发展都要在保护生态环境的前提下进行，只有这样的经济发展才能够是有效的发展，也才能够真正地实现区域和谐发展。

（3）就地城镇化，共享绿色发展成果。就地城镇化可以说是我国一种新型的城镇化道路，农村人口不向大中城市迁移，而是以中小城镇为依托，通过发展生产和增加收入，发展社会事业，提高自身素质，改变生活方式，实现城镇化。因地制宜实施就地城镇化需要进一步推进户籍改革，完善小城镇的基础设施，建立健全社会保障体系与失地农民保障制度，制定优惠政策鼓励文化、教育、医卫、水电、公交、环保等部门和企事业单位，采取联合、集团化等模式，把自身的优质资源向中小城镇延伸扩展。

（4）结合区域实际，形成内生持续绿色发展机制。从各地方的资源优势、地理区位、经济基础等实际出发，制定有特色、有区别的政策措施来指导发展，实施分类指导。实施主体功能区规划，对不同类型的区域的发展进行分类指导，鼓励有产业基础，又有环境容量的地区积极承接产业转移，对边远和少数民族地区、重要生态功能区加大转移支付、小额信贷等扶贫的力度，建立生态补偿机制。通过价格、财税等政策鼓励各地区根据自身实际情况，逐步形成内生发展机制，走上自我发展之路。

5.1.4 振兴与修复并重，实现东北地区绿色振兴

（1）深化产业结构调整，全面提升产业档次和绿色化水平。巩固和发展已经形成的主导产业优势，将其做大做强；科学谋划支柱和特色产业发展；开拓新的优势产业，走新型工业化道路；重点发展生物工程、新材料和光机电一体化、先进制造等主导产业，形成规模效应和配套产业群；着重运用高新技术和信息技术提升传统产业，促进企业的技术创新和管理创新。以信息化、智能化、集成化为突破口，加快推进企业技术进步，提升企业自主创新能力和系统集成能力，提高重大装备国产化水平和国际竞争力。优先发展现代物流业，加快发展金融业，鼓励发展商务服务业，积极发展旅游业。

（2）推进区域统筹合作，增强绿色发展的整体效益。以蒙东纳入国家振兴东北地区规划范围为契机，加强区域统筹，加快东北三省与蒙东地区在产业、政策、基础设施等方面的对接，实现优势互补、优势共享和优势叠加，获得最佳的区域整体效益和个体效益。构建跨行政区的公共平台和协作网络，建立四省区高层协调会议制度，协商解决制约区域发展的重大问题。同时鼓励跨区域的企业联合与重组，国家对跨区域资产重组企业的项目给予优先核准，优先安排扶持资金。

（3）加强对外合作，增强绿色转型的开放性。积极合理有效利用外资，改善投资环境，鼓励外资参与国有企业改组改造，实现投资主体多元化，引导外资投向高技术产业、装备制造业、现代农业、服务业、基础设施和生态环境保护等领域；积极发展对外贸易，鼓励高新技术产品、高附加值产品、劳动密集型产品和农产品出口，优化出口产品结构，积极承揽国外制造业转移，发展对外服务贸易和加工贸易，巩固与东北亚国家的经贸关系，大力发展边境贸易；加强国际经济技术合作，促进对俄、蒙、朝的路、港、口岸和经济合作区的建设，在主要边境口岸城市加快建设边境经济合作区、互市贸易区、出口加工区、跨境工业区，推动与周边国家在能源、原材料和矿产资源等领域的开发合作。

（4）重视生态环境保护与修复，促进区域可持续发展。加快东北西部风沙干旱区域改造步伐，控制与治理沙化、碱化和退化；对东部、北部地区，加强封育保护和荒山荒地治理，加快森林后备资源培育；实施天然草场恢复和建设工程，加强黑土地水土流失综合防治和西部盐碱地治理，湿地资源保护与恢复，重点开展三江平原现存湿地保护和松嫩平原湿地恢复；加强水污染的防治工作，加大松花江流域、辽河水污染防治工程。重点加强资源型城市矿区生态环境建设，深入开展矿山生态环境综合整治，加强资源开采活动监督管理，有效防范地质灾害发生，鼓励并实际支持资源型城市结合建立矿山环境治理恢复保证金制度试点，建立可持续发展准备金制度。

5.1.5 推动高效、集中式绿色城市化

目前，在中国的858个城市中，仅有14个城市的人口在500万人以上，而这14个大城市创造了全国GDP的33%以上。实践证明，这些大规模、集中化的城市，其经济取得高速发展除了由于国家的特殊政策及规模效应以外，还取决于大城市具有的独特优势。主要表现在：第一，集中式的大城市更能吸引人才。第二，这些大城市吸引高质量的投资。第三，以大城市为主的城市网络群为推动区域经济发展起到了重要的作用。

专栏 5-1　高效、集中式的城市化

在中国未来城市化高速、大规模发展过程中，集中式或分散式的城市化发展都是可以选择的途径。

集中式城市化途径：

➢ 超级城市模式（Supercities）——以少数几个2 000万人以上的超级规模大城市主导城市化进程；

➢ 由中心向外辐射型模式（Hub and spoke）——由中型与小型城市群围绕着大城市发展的模式引导城市化。

分散式城市化途径：

> ➢ 分散化发展——由 150 万 ~ 500 万人口规模的城市遍布中国。
>
> ➢ 城镇化发展——由 50 万 ~ 150 万人口规模的城市遍布中国。
>
> 高效、集中式的城市化发展模式，在城市的经济活动与资源利用领域的优势集中体现在：规模效应、能源使用、土地利用、公共交通设施利用以及环境污染控制等多方面效率的提高。土地使用与城市规划，自然资源保护，就业与技能的发展，公共服务投入将是高效、集中式城市化发展的四大政策制定焦点，为中国未来经济繁荣带来新的绿色发展机遇。
>
> 中国的城市化规模发展预测
>
> 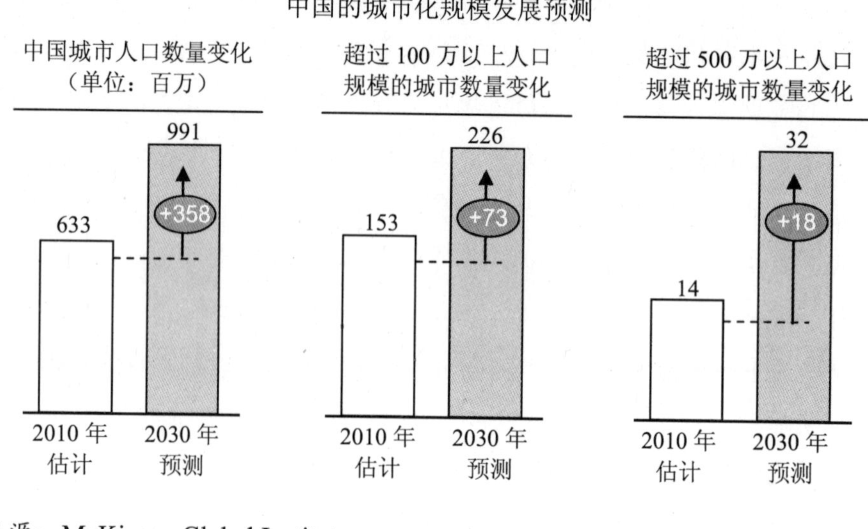
>
>
> 资料来源：McKinsey Global Institute

集中式城市将在提高生产力和效率、减少环境污染、降低能源消耗等方面产生积极的经济影响。中国如果出台相关政策，推动实施更加集中式的城市化发展战略，将带来以下方面的积极作用：

（1）集中式城市化发展模式的人均 GDP 最高。超大城市或打造中心辐射城市都属于集中式城市化发展模式。规模效应和生产率的提高将会促使集中式城市化模式下的人均 GDP 比目前的 GDP 增长趋势和分散式城市化发展模式下的 GDP 增长趋势高出 20%。

（2）集中式城市化发展模式将提高能源使用效率。集中式城市化模式的能源消耗总量会提高，但是该发展模式的能源使用效率将比其他发展模式提高近 20%。

（3）集中式城市化发展模式下的耕地流失率最低。采用集中式城市化发展模式可以将耕地流失量降低到当前总量 7%～8%的水平，但是更为分散的城市化模式则会使耕地流失率超过 20%。

（4）集中式城市化发展模式下的公共交通更高效。集中式城市化发展模式可以以较低的成本获得必要的公共交通能力，同时拥有较高的成功概率。在集中式城市化这一发展模式下，中国只需要将现有地铁系统扩大 8 倍即可，而在分布式增长情境下，轻轨系统将需要增长近 300 倍。

（5）集中式城市化发展模式下的污染控制更有力。集中式城市化所产生的巨型城市将会面临严重的污染问题，但是污染控制措施在大城市比在小城市执行范围更广，效率更高。如果采用分散式城市化发展模式，全国范围内的污染排放量却是最大的，尤其是会产生更多的水污染。

（6）集中式城市化发展模式下的人才可得性更大。集中式城市化发展模式将具备人才优势，作为经济增长引擎的城市中心将吸引丰富的各类人才，从而加速向更高附加值工作的转型。而分散式城市化发展模式会产生大量的劳动力短缺，制约城市未来的发展。

5.1.6 促进可持续的重工业与传统产业梯度转移

由于中国正处于工业化和城市化的转型期，重工业与传统产业在很长一段时间内，将依然是中国经济发展的主要推动力。“十一五”期间，由于多方的压力如能源短缺、环境保护、土地资源约束以及工业和经济升级转型等，重工业及传统产业由东部沿海地区向内陆不发达地区和西部地区的转移明显增加，也成为不可避免的趋势。过去几年许多西部省份的GDP快速增长，特别是在重化工、矿产和建筑行业。

但是，重工业与传统产业的梯度转移会造成内陆欠发达地区和西部地区节能减排和GDP高速发展之间的矛盾愈加明显。大规模的工业扩张也引发了过度投资和产能过剩等问题，增加了这些地区绿色经济发展格局的复杂性。从绿色区域发展的全局来看，西部及欠发达地区往往处在农业、工业现代化转型过程中，传统化石能源和可再生能源都很丰富。如果重工业与传统产业的梯度转移管理不当，反而会加重内陆欠发达地区和西部地区的环境和能源压力，从而减缓这些地区从资源依赖型向现代农业与工业发展模式转变的进程。如何通过体制机制与技术创新来创造转型升级的动力与条件，是这些欠发达地区绿色发展的关键。

在产业梯度转移的进程中，中央和地方政府的协同合作尤为重要。为了实现区域绿色经济协调发展，需要在“十二五”规划及未来发展中进一步把绿色发展的内涵、实质不断深化细化并充分体现，从而在经济、环境和社会同步发展的进程中，不断完善协调转型进程，以实现效益共享，同时降低地区发展的不平衡。重点措施主要包括：

（1）产业转移的关键在于严格监管和执法。东部产业转移中淘汰的设备必须就地销毁处理，决不允许转移到中西部使用；中西部地区不允许上马不符合产业政策的项目。

（2）作为差异化绿色经济发展政策支持手段的综合有效利用，财政政策如转移支付与市场机制如生态补偿机制应与支持可持续性产业梯度转移和主体功能区的发展相结合。

（3）以各地区绿色经济发展潜力与环境生态保护需求为出发点，鼓励制定有地方特色的绿色区域发展战略。

5.2 大力发展绿色农业

绿色农业的总体目标是通过技术进步和管理创新实现农产品安全、生态安全和资源安全。绿色农业具有安全性、规范性、持续性和高效性四个显著特征。绿色农业的发展，重点要突出四个转型：农业发展政策、农业生产组织、农业技术服务和农业管理体系。

专栏 5-2 中国绿色农业转型的条件

5.2.1 合理布局产业区划，明确发展优先序

（1）合理布局产业区划。依据区域生态环境特征，结合我国各地农业生产条件和各种农产品比较优势，确定绿色农业分区，明确各区域主导绿色农业部门和主要绿色农业品种。根据市场需求确定各分区绿色农业的结构体系及发展规模，在分布上形成一定的区域规模优势，克服目前我国农业小农经营的规模不经济的瓶颈，提高绿色农产品的比较效益。

（2）正确安排发展优先序。①发展绿色农业的产品优先序。根据化学农业对各种农产品的影响的大小，对它们的发展顺序做出选择。总体而言，首先要发展水果、茶叶等受化学农业影响相对较小的农产品；②要发展节人、节地型农业如蔬菜以及规模化组织化程度高，也便于进行监控和管理的畜产品、大宗农产品；③发展涉及农民和耕地都非常多的粮食作物。

专栏 5-3 中国绿色农业分布区

名称	范围	生态环境特征	主导绿色农业部门	主要绿色农业品种
东北绿色农业区	黑龙江、吉林、辽宁	生态环境比较稳定，但已出现资源退化危机	绿色商品粮和绿色林特产品	水稻、大豆、人参、木耳、肉牛、肉鸡、山葡萄、山野菜
内蒙古及长城沿线绿色农业区	内蒙古、陕西和宁夏北部	生态环境脆弱，水资源短缺，土地沙化过程强烈，草场退化严重	绿色畜牧业和绿色种植业	肉鸡、禽蛋、山羊、绵羊、油菜、杂粮、玉米
黄淮海绿色农业区	黄河中下游、淮河流域、海河流域	生态环境较稳定，洪涝灾害频繁，土壤污染严重	综合绿色农业	小麦、大豆、玉米、水稻、花生、棉花、肉牛、生猪、禽蛋、苹果
黄土高原绿色农业区	长城以南，秦岭以北，青海湖以东，太行山以西	生态环境十分脆弱，干旱缺水，水土流失严重	绿色旱作农业	玉米、小麦、杂粮、棉花、油菜、苹果、禽蛋
长江中下游绿色农业区	淮河以南，南岭以北，大巴山武陵山以东	生态环境比较稳定，但洪涝渍旱灾害频繁，土壤质量下降	综合绿色农业	水稻、桑蚕、生猪、家禽、淡水养殖、茶叶、柑橘
西南绿色农业区	贵州、四川、云南大部、湖北南部、陕西南部及甘肃南部	生态环境类型复杂，土层瘦薄，水土流失比较严重	以经济作物、林特产品为主的绿色立体农业	桑蚕、茶叶、杂粮、生猪、柑橘、野生菌类、山野菜
华南绿色农业区	广西、广东、福建、海南、云南南部	生态环境类型复杂，洪涝旱灾害频繁，土壤贫瘠	绿色经济作物和水果	以橡胶为主的热带经济作物和以甘蔗为主的亚热带经济作物，蔬菜、柑橘、生猪、家禽
甘新绿色农业区	新疆、甘肃大部分	生态环境脆弱，沙漠化、荒漠化和盐碱化强烈	绿色畜牧业和节水型农业	羊、骆驼、棉花、油菜、瓜果
青藏绿色农业区	青藏高原	以高寒为主要特征，生产能力低，受污染程度弱	绿色畜牧	牦牛、藏羊、青稞

资料来源：周旗，李诚固. 中国绿色农业布局问题研究[J]. 人文地理，2004，1(19)：42-46

（3）发展绿色农业的空间优先序。所谓发展绿色农业的空间优先序，就是根据化学农业对各地影响的大小，对它们的发展顺序做出选择。化肥、农药过量投入时间越长，累积在耕地上的负面影响越大，耕地达到发展绿色农业要求所需的转换期也越长。总体而言，化学农业的影响平原大于丘陵，丘陵大于山区，与这种影响程度相对应，在空间上应按照山区、丘陵、平原的优先序列发展绿色农业。

（4）绿色农业竞争策略的优先序。应该采取品牌、差异性和价格竞争的优先序。

5.2.2 加强绿色农产品生产基地建设，推进绿色农业产业化进程

（1）完善绿色农产品基地质量标准体系建设。生产基地的环境质量标准是农产品基地质量标准体系最基础的部分。基地的土壤、大气、水质必须符合绿色食品产地环境标准。选择绿色农产品基地时应避开城市、厂矿、医院、交通要道等污染源，并不得在基地及基地水源附近倾

倒、堆放、处理固体废弃物和排放工业废水、城镇生活污水、有毒废液、含病原体废水。要采取措施减少邻近非有机农业农田使用化学物质的污染。施入土壤的肥料、植物保护制剂、土壤调节剂及最终进入土壤的其他物质（如动物服用的饲料、药品）中重金属含量的临界值为不允许超出标准。绿色农产品生产基地要按照有关标准要求严格监控，加强管理，为绿色农产品的生产提供良好的生态环境条件。

（2）认真落实绿色农产品生产基地的生产技术和监督管理。积极推广农作物绿色栽培技术体系。要将绿色农产品生产技术落实到每个种植户，使其严格按照技术规程进行农事操作。同时，生产基地也应贯彻落实好规范化管理，实行标准化生产，促进生产基地产品质量的提高。

实行生产资料准入和定点专供制度。县乡有关单位要加强对生产资料监督检查力度，禁用高毒高残留农药如 3911、呋喃丹、1605、久效磷、甲胺磷及硝态氮类化肥等。各乡、村要分别建立专供处和专供点，专门集中采购和供应绿色生产资料，以方便管理、降低成本。对生产基地种植户及其地块进行编号和登记，在乡、村两级分别建立档案，既为搞好监督管理创造条件，又能增强种植户的责任感。按照标准要求，对绿色农产品生产基地建设情况进行定期检查，发现问题，及时解决。

（3）大力发展绿色农产品龙头企业。制定绿色农产品龙头加工业的经营战略。要按照国家有关重点大型农产品加工企业的政策要求，进一步完善和落实扶持大型加工企业的各项政策措施，改善大型加工企业的发展环境，促进绿色农产品龙头加工企业的快速健康发展。改善绿色农产品龙头加工企业的经营管理。在指导绿色农产品加工业的发展上，要以市场为导向，依靠科技进步，努力提高农产品综合加工能力，逐步实现农产品由初级加工向精深加工的转变，由传统加工工艺向先进适用技术和现代高新技术转变，由资源消耗型向高效利用型转变，实现绿色农产品生产基地化，绿色农产品及其加工制成品优质化，产加销经营一体。加大对绿色农产品龙头加工企业的政策支持。政府要积极运用税收、贴息、补助等多种经济杠杆，重点加大对绿色农产品龙头加工企业的政策支持，鼓励和引导各种社会资本投向绿色农产品加工企业。合理布局绿色农产品龙头企业工贸小区。根据绿色农产品生产基地的布局与发展、绿色食品市场的占有量和发展前景进行科学规划，合理布局。绿色农产品龙头企业既要靠近绿色农产品生产基地，又要适度集中，以此形成特色工贸小区，防止盲目铺新摊子和低水平重复建设。

（4）加快技术创新，推动现代农业发展。建立绿色农业技术的研发、推广和培训体系。科技和资金是绿色农业发展的两大支撑体系，也是现阶段我国绿色农业发展的两大限制因素。围绕绿色农业对环境、生产过程和产品质量的要求，积极开展相关技术的研究、应用和推广工作。建立国家、企业和个人多层次、多渠道和多形式的资金筹措机制，积极引进外资，扩大绿色农业的投资规模。有关绿色农业技术的研发、推广和培训可以引导企业来做，但政府参与其中可以加快技术研发和扩散的速度，降低企业提供的技术服务的价格。

（5）建设绿色农业信息网络。有关绿色农业的技术、价格、制度等方面的信息具有公共品特性，但收集和更新的成本很大，企业和个人难以做好，政府应发挥主导作用。信息化建设应该与农产品市场需求紧密结合，并使其在生产管理中与专家直面对话，实现绿色农业高科技，科学管理和产业化。充分利用现代通信传媒技术，把县、乡、村农户联系在一起，实行信息资源共享，建立技术、信息发布、产品生产、加工、销售一条龙服务体系，将信息网络延伸到专业村、组、户并和国家有关部门链接，实现信息网上发布。

大力开展对基地经营者和农户的绿色技术培训工作。建立以当地大专院校和科研院所农业专家为主，地方各级政府农业推广部门技术人员相配合的骨干技术队伍，深入基层对农村干部和科技示范户进行各种形式的绿色农产品生产、加工等方面专业知识的培训，保证基地农业科技队伍的建设。努力提高基地经营者和农户的道德文化素养和法制观念。农产品质量的安全无公害本身要求农民必须具有一定的道德文化素养和法制观念。

5.2.3 加强面源污染防治，推进农村环境综合整治

（1）改革和完善农业补贴政策。取消化肥生产补贴，放开肥料价格，根据肥料价格的上涨和食品价格的波动情况，将肥料制造商的补贴直接转移给农民，从而保证农民对农作物生产的积极性并且稳定其他农业产品的生产；通过向农民提供技术支持和能力建设，提高肥料使用效率；通过税收和价格等优惠政策，提高有机肥料的生产和使用；合理改进现有的畜禽养殖补贴政策。根据“十二五”国家畜禽养殖业减排相关政策和技术规定，增加对规模化畜禽养殖场新建污染治理设施按照治理效果和减排核查结果进行专项补贴。

（2）加强农业面源污染治理。进一步明确政府的职责，实施农业减排行政“一把手”考核制度；规范农业源污染治理的考核制度与方法；加强农业源污染减排科学研究与技术指导。加强农业污染物产生和转化的机理研究，开展农业常规污染物（氮、磷、有机物等）、毒害污染物（激素、抗生素、重金属等）控制与治理工作，加强农业固体废弃物资源化利用等技术的研究与开发，加大农业废弃物资源化利用、环境友好型种养技术示范和推广力度，加快高新技术在环保领域的应用，推动环保产业发展；加大农业农村环保教育与宣传，充分发挥新闻媒体的舆论引导和监督作用。

5.3 构建绿色工业体系

绿色工业转型是新的工业化道路，以资源节约和环境友好为基本原则，在绿色创新的战略引导下，寻求整个工业生产过程绿色化，并达到经济和环境效率的双赢。工业部门是中国增长最快、改革力度最大、对外开放程度最高的部门。而长期以来，中国工业化发展主要依靠资源型增长路线，以高投入、高消耗、高污染，低质量、低效益、低产出和先污染、后治理为特征的增长模式为主导。

“十二五”时期是工业绿色转型面临的重要战略机遇期。虽然工业转型受到不同结构性矛盾与机制体制障碍的制约，同时面临资源环境压力，以及低水平重复建设和自主创新能力不强的

挑战。但是，在已取得的工业整体技术水平进步以及工业资源综合利用和节能减排机制形成的基础上，工业绿色转型可操作性强、绿色效应明显、转型潜力巨大。工业绿色转型的主要任务包括以下几个方面。

5.3.1 完善能源供给体系，促进工业能源利用的绿色转型

能源利用效率的提高以及可再生和新兴能源利用是工业绿色转型的基础。“十一五”期间，随着节能减排工作的深入展开，中国能源利用效率得到迅速提高，全国万元 GDP 能耗保持每年4%以上的下降速度。但是，总体上看，中国能源供应紧张和能源利用效率较低的矛盾仍然存在，这要求能源资源的开发要充分利用科学技术，通过能源之间的系统谋划和创新替代，形成可持续的能源资源体系，保障我国能源资源的有效供给和高效利用。为此，促进工业能源利用绿色转型的重点任务中要有：

（1）要最大限度减少燃煤污染，构建清洁、稳定、安全、多元化的能源产业体系作为工业绿色转型的基础。根据测算，核电和水电的发电成本与煤电发电成本接近，风电、太阳能、生物质能、天然气等发电成本则远高于煤电。因此电力行业发展要坚持优先开发水电、优化发展煤电、大力发展核电、积极推进新能源发电、适度发展天然气集中发电和因地制宜发展分布式发电，实现电力行业的绿色转型。

（2）要进一步强化节能减排的目标约束，完善节能技术标准和相关法律规范，不断健全节能减排市场化机制和双向激励机制。要重点制定水泥等工业企业的绿色管理体系规范、废弃物利用和处置标准和规范等，充分利用市场的经济激励手段，促使电力、钢铁、石化、水泥等行业采用清洁生产技术，降低能耗水平，减少能源消耗。

5.3.2 推进传统产业升级改造，实现传统产业绿色转型

（1）继续加大淘汰落后产能力度。按照“控制总量、淘汰落后、兼并重组、自主创新”的要求，落实十大产业调整振兴规划。继续坚持实行“等量置换”或“减量置换”原则，进一步淘汰电力、钢铁、焦化、建材、电石、有色金属等行业的落后产能，下决心再搬迁一批、治理一批，对污染严重的企业再关停一批，限产一批。必须充分发挥市场的作用，采取更加有力的措施，综合运用法律、经济、技术及必要的行政手段，进一步建立健全淘汰落后产能的长效机制，确保按期实现淘汰落后产能的各项目标。以电力、煤炭、钢铁、水泥、有色金属、焦炭、造纸、制革、印染等行业为重点和突破口，加大重点行业的淘汰产能力度，鼓励地方根据产业发展实际，制定范围更宽、标准更高的淘汰落后产能目标任务。

（2）加强技术改造。大力推进传统产业的技术创新、管理创新、体制创新以及信息化改造，促进“两化融合”。以技术升级改造和淘汰落后为切入点，推进企业兼并重组，形成以大企业为主导，大中小企业合理分工、有机联系、协调发展的格局。打通传统产业与绿色技术之间的通道，逐步将绿色技术、绿色工艺渗透到传统产业的各个环节，从而使传统工业焕发出新的活力，

为工业增长和吸纳就业做出更大贡献。深化体制改革，推动机制创新，为传统产业升级提供坚实的制度基础和有效的运营机制。加强传统产业与新兴产业的互补、互动，一方面在传统产业改造升级的基础上培育更多更先进的新兴产业；另一方面，通过新兴产业的发展为传统产业的改造升级提供绿色技术支持。

专栏 5-4　战略性新兴产业需要利用市场调节和政府调节“两只手”

当前，我国战略性新兴产业发展迅速，产业规模不断扩大。据统计，截至 2010 年 6 月，全国新登记新能源、节能环保、新材料、新医药、生物育种、信息网络、新能源汽车等战略性新兴产业内资企业 5 045 户，注册资本达 146.8 亿元。但同时应该注意到，在新兴产业快速发展的同时，也开始出现部分行业重复建设、规划过剩的现象，具体表现为各地区同质化竞争带来的重复建设和产品技术层次的低水平建设。以节能产业为例，据有关资料称，全国 3 000 多家从事半导体照明相关业务的企业中，70%~80%都仅从事下游应用的开发。世界银行有一个研究发现，在政府不干预的情况下，单纯依靠市场机制本身，只能解决 20%节能环保问题。另有资料称，在化学制药、中药、平板显示、光伏、风电等产业都出现了不同程度的低附加值产品产能过剩、市场同质化、无序竞争等现象。

由于新兴产业发展初期多为弱势产业的客观事实，新兴产业的发展需要政府发挥调节作用。首先，要统筹新兴产业发展规划，加强区域间协调，合理布局、有序推进，防止陷入一哄而起、无序竞争的状态。其次，要充分发挥政府在公共资源配置中的引导性作用，利用财税、金融等政策工具引导社会资源合理流动，营造有利于战略性新兴产业发展的良好环境。

资料来源：辜胜阻. 以新兴产业大发展促经济二次转型. 紫光阁，2011，4，17-18

5.3.3 大力发展战略性新兴产业，引领绿色经济增长

（1）加强规划，培育绿色新增长点。重视顶层纲领性规划的设计，加快形成战略性新兴产业发展的总体思路，抓紧出台国家层面的战略性新兴产业中长期发展规划，明确战略性新兴产业的战略目标、发展重点、时间表和路线图。在需求应用条件相对成熟的重点领域、重点地区、重点行业，鼓励开展先行先试，在取得一定的成功经验后，再逐步推广。着眼于绿色产业的发展与调整，继续深入研究七大产业的涉及领域，找准技术研发和产业培育的优先领域，以新能源、新材料、可再生能源、环保产业等为切入点，培育新兴绿色产业和新的经济增长点，在新一轮全球经济发展进程中促进经济及早转型，努力抢占未来竞争的制高点，实现自身的可持续发展。

（2）因地制宜，科学选择重点产业和优先领域。根据国家确定的战略性新兴产业发展规划，结合各地产业基础和区位条件，加快发展以突破资源与能源约束为目标的相关环保和新能源产

业，以信息化和工业化融合作为重点方向，推动新一代的互联网、通信网、宽带网的三网合一，以及大规模集成电路、云计算和信息服务业发展。围绕提高人民生活水平，积极发展生物医药和生物育种等高效农业。着力打造包括航天航空、海洋装备、高速轨道交通、智能机床和基础装备，以及新能源汽车等行业的高端制造业。

（3）围绕企业，积极培育战略性新兴产业中坚力量。根据战略性新兴产业发展特点和趋势，确立合理的行业进入条件，鼓励各类主体投资战略性新兴产业，营造公平、有效竞争的市场环境。着力培育“大而强”的行业龙头企业，发挥导向作用，带动配套企业发展。同时，促进“小而精”企业发展，为战略性新兴产业发展提供基础性力量，创造新的绿色就业机会。

① 培育战略性新兴领域企业成长。加大对环境保护（节能环保）、航空航天、地球、空间、海洋工程（高端装备制造）、核应用技术（新能源）等技术领域的研发和产业化基础薄弱领域企业的孵化、资金、技术开发与转让、市场开拓等政策支持，加大对技术前景好、研发能力强的中小企业的支持力度，建立中小企业技术创新机制，尽快培育出一批能够带动薄弱产业发展的创新型企业，扭转我国战略性新兴产业基础参差不齐的现状。

② 发挥融入国际市场的大型企业集团的带动作用。这类企业大多属于高端制造业，应积极为这类企业集团总部基地研发中心、管理中心或销售中心提供配套服务，利用其国际化、规模化、高端化优势，带动同类及下游行业企业高水平发展，实现技术、服务和产品领域与国际的全面接轨，提高中国企业竞争力。

（4）加快绿色创新，着力突破核心关键技术。

① 健全创新体系，发挥政府主导作用，努力建设一批具有世界先进水平的绿色技术公共创新平台，推动骨干企业提高自主创新能力，加快建立以企业为主体、市场为导向的创新体系建设，完善创新支撑体系建设。

② 实施战略性新兴产业重大专项，集中力量，加大投入，重点突破，加强自主创新，加快新兴产业重大项目的实施，增强技术创新和产业化能力，带动和促进战略性新兴产业的培育和发展，培育新兴绿色产业和新的经济增长点，推动绿色产业发展壮大，抢占未来国际竞争的制高点。

③ 重点突破关键技术，立足国内外资源，瞄准国际科技前沿，加大研发力度，强化产学研用的结合，组建以优势企业为主体的产业技术联盟，加快推动一批关键技术的研发、消化吸收和产业化，努力在关键技术、高端共性技术的研发上取得重要突破。

④ 充分利用全球科技资源，推进开放式创新。在新兴产业领域加强国际合作，整合国际资源，大力引进海外高层次人才和团队，同时，鼓励国内企业走出去，支持科研单位或企业到国外收购研发机构，通过合作吸收国外的高新技术及开拓国际技术市场，为新兴产业发展创造更多的有利条件。

5.3.4 协调内需与外需，增强工业绿色发展的开放性

（1）平衡贸易增长，鼓励进出口企业加快转型升级。不断扩大自主品牌与自有技术产品的开发，改善出口效益，进一步提升中国制造的国际竞争力。石化行业要积极探索原料多元化发展新途径，重点发展高端石化产品，加快化肥原料调整，推动油品质量升级。完善出口配额、出口退税等调节手段，继续严格控制稀有资源以及高耗能、高污染、高排放产品出口，优化贸易结构。实行进口多元化策略，加大海外资源和能源开发利用，大力引进先进的绿色技术和关键设备。加紧研究国际贸易中绿色壁垒以及主要贸易伙伴环境规制和减排措施的变化，积极应对，缓解贸易摩擦。

（2）鼓励国内外各类资本和主体参与工业绿色转型。无论是绿色工业技术的研发应用，还是绿色新兴产业的发展，都需要大规模的绿色投资做支撑。在市场经济条件下，国家投入应流向关键领域和核心技术，在绿色转型中起引导作用。而更多的投入则要依靠民营资本来完成。同时，在要素配置日趋全球化的情况下，要进一步扩大新兴绿色产业和服务业的对外开放，以引进先进技术和形成学习机制为目标，吸引国外资本投入绿色转型。

（3）加强我国跨国企业环境责任管理。加强对外投资企业环境保护工作的管理，制定规范投资中环境行为的具体指导性政策，并将环境保护纳入我国对外投资战略、国别政策和项目清单中，强化对外投资企业的环境责任。尽快制订和出台对外投资环境行为指南，促使国家对外投资中充分考虑环境因素，主动与当地政府的环境保护战略和环境规划相衔接，引导企业更加广泛地促进当地的可持续发展。

5.3.5 鼓励企业绿色创新，提升企业核心竞争力

（1）全面提高工业技术研发和自主创新能力。加强基础研究和共性技术研发，增加资金投入，重点突破关键技术和核心技术；建立共性技术研发平台，吸引科研院所、大学和研究型企业参与；大力支持企业绿色技术的研发和产业化应用，鼓励企业培育具有独创性的绿色技术能力，完善产业内和产业间的绿色技术渗透体系；完善专利保护、知识产权市场交易体系，加大绿色技术研发与企业之间的利益结合度。

（2）提高技术引进质量和吸收能力。要注重追踪国外绿色关键技术的发展动向，评估其技术前景，指导和管理技术引进；通过资金支持等方式，鼓励企业对绿色技术消化吸收进行投资，促使企业在技术消化吸收的基础上进一步创新升级。

（3）尽快建立绿色技术、绿色设计、绿色产品的行业标准和管理规范。在借鉴国际经验的基础上，对现行标准进行全面清查和评价，按照绿色和可持续的原则，对原有标准进行补充修订，加快推进新技术、新产品的标准制订，并严格实行标准管理。

5.3.6 加大节能减排力度，创立工业全价值链的绿色管理

（1）综合运用多种手段，激发企业节能减排的内在动力。通过建立激励机制、约束机制，引导企业主动地实施节能减排。强化重点行业、重点产品的约束性指标，用强制性的指标、标准来引导企业节能的进步。完善节能减排的市场化手段，逐步建立企业环境信息披露与环境绩效评估制度，加快推进上市公司环境信息披露与环境绩效评估，通过外部压力内部化，规范企业的环境管理行为，促进企业加强节能减排。进一步完善节能自愿协议机制，建立减排自愿协议机制，探索实施更宽范围的资源环境协议，开展企业与政府间、企业与企业间以及企业与第三方组织间签订协议等多种形式的节能减排自愿协议，发掘企业节能减排的潜力，形成企业改善环境绩效的持续动力。

（2）深入实践绿色经济理念，创立工业全价值链的绿色管理与社会监督体系。建立完善绿色发展的绿色监督体系，刺激工业企业的绿色产品转型，形成企业间的新型绿色分工和生态共生，进而使绿色管理覆盖工业全价值链。探索在水泥等行业建立“碳管理”体系，完善企业环境责任制度，同时开展质量管理体系建设、环境管理体系建设、职业健康与安全管理体系建设和绿色制造管理体系建设，推动环境成本“内部化”，实现工业绿色转型的可持续发展，促使工业利益目标与社会环境目标趋向一致，共同打造工业绿色全价值链。

5.4 创建绿色服务业体系

服务业绿色转型属于服务业发展的一个重要方向与趋势，它强调在不损害满足程度的前提下，通过生态或者绿色服务来补充、替代传统服务方式，以减少原材料和能源的消耗，促进生态的良性发展。服务业绿色转型是满足民生的重要内容，是扩大就业的重要手段，是转变发展方式的必然选择，是节约资源、节能减排的重要途径，是调整经济结构、促进产业升级的重要突破口。

5.4.1 明晰重点领域，加快绿色服务业体系建设

（1）绿色金融。①健全推进绿色金融的法律法规保障体系，为利用金融手段促进低碳经济的发展提供保障。②建立新型的贷款评价指标体系，将环境保护纳入信贷的决策环节。③完善环保与金融部门的信息沟通和共享机制。④推出和创新绿色金融服务产品，如绿色信贷、绿色债券、绿色基金等。

（2）绿色物流业。①在宏观政策层面建立政策支持体系，在税收、财政补贴、牌照发放、市场准许等方面，优先对具有绿色物流理念与实践的企业进行激励，为绿色物流的发展提供良好的竞争环境。②加快绿色物流公共基础设施的规划与建设，通过对其规模、布局、功能进行科学的整合，提高现有设施的使用效率，发挥现有设施的综合效能，并引进先进的设备，提高

机械化、自动化水平。③大力加强绿色物流的人才培养和引导绿色物流科研工作，积极支持绿色物流基础理论和技术的研究，加强企业、高等院校、科研机构之间的合作，形成产学研相结合的良性循环，加强应用性绿色物流技术的开发和应用。④大力发展第三方物流，优先整合和利用现有物流资源，加强物流基础设施的建设和衔接，提高物流效率，降低物流成本。推广现代物流管理，提高物流智能化和标准化水平。

（3）节能环保服务业。①应用财政税收手段，促进节能环保服务业发展。灵活使用财政税收杠杆，可以有效达到“惩戒”与“鼓励”的目的，使节能与环保变为企业的自动、自觉行为，促使节能环保服务业的发展；②完善环保服务产业发展的投融资机制。鼓励各类银行向环保企业提供贷款。选择部分条件好、有发展前途的环保骨干企业，通过改制、资产重组、参股等方式，设立上市公司，筹集发展资金；③进一步加大对节能环保领域的科技攻关及研发投入，灵活采用政府和企业合作研发，政府支持企业创新项目研发等方式，全方位地加大研发投入；④顺应国际低碳经济潮流，增强节能环保服务产业竞争能力。

专栏 5-5　美国和中国的能源服务公司

能源服务公司（ESCOs）是加强能源效率的主要杠杆。能源服务公司开发、安装并为促进能源效率的项目融资，为企业、公众和居民设施提供维护。能源服务公司提供能源解决方案，开展系统设计、咨询、项目管理、设备安装、设计消耗监控和速率分析。能源服务公司企业模型向终端客户提供节能保障，以业绩提成和能源效率的节省份额作为交换通过第三方安排融资。

ESCO 企业模型

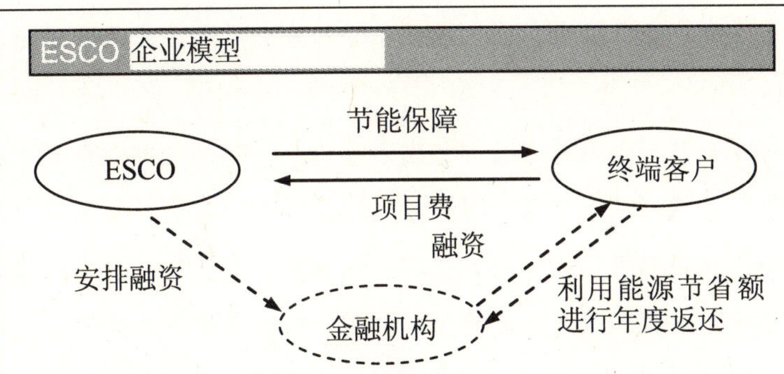

• 客户通过 ESCO 交钥匙工程获得 30%～40%的能源节省额。
• 美国市场的平均返还期为 10—15 年。
• 在大部分情况下，ESCO 利用节能保证收取固定费用；如果节能未达到目标，则 ESCO 向终端客户返还。
• ESCO 安排从金融机构以较低的年利率向终端客户融资。

作为实施政府能源效率政策的渠道以及销售诸如空调、照明和太阳能 PV 等高效耗能设备的渠道，能源服务公司同样起着重要的作用。美国和欧洲是主要的能源服务公司市场，2012 年能源服务公司市场增长到约 260 亿美元。美国公众部门占能源服务公司活动的 80%；欧洲公众部门和工业部门各占能源服务公司活动的 40%。

美国经验：

美国提供所需能源最可称道的就是能源效率高。大部分能源效率投资成本低于每万亿 Btu（1Btu=1 055J）4 美元，而所有燃料的平均价格约为 14 美元。能源效率潜力的理论总额 9 100 万亿 Btu 中，工业占 40%、住宅占 30%、商业（包括政府建筑）占 25%。为美国能源效率进步提高需要每年花费 500 亿美元或者约为现在支出的 4～5 倍。

照明和暖通空调是能源服务公司提供的主要服务，通常向公共部门设施，特别是学校提供此类服务，可以实现 30%～45%的节约潜能。能源服务公司经常以“交钥匙”形式运行，促成许多种类的设备销售业务。项目总投资的约 1/3 由参与的能源服务公司获得。能源服务公司可以利用高利润的维修合同获得 5%～10%的额外收益，但是维修基础设施需要花费大量的管理费。由于能源服务公司是一种有效的渠道，设备运营商最近开始获取能源服务公司。能源服务公司按地区分割客户，而非按纵向分割。只有约 10 家能源服务公司（大部分是设备运营商或公共设施能源服务公司，除 Amer 能源服务公司外）横跨全国。每家能源服务公司纵向分割的优先考虑对象就是学校。所有能源服务公司均聚焦于公共部门建筑。能源部（DOE）最近指定了 16 家超级能源服务公司，方便联邦机构使用。这 16 家超级能源服务公司被特别允许向联邦机构营销节能绩效合同（每家能源服务公司高达 50 亿美元）。能源部支持对能源服务公司的选择，支持制定合同、项目监控和后项目管理。政府的“激励包”将成为融资的重要来源（联邦政府为 45 亿美元）。

结构问题使能源服务公司没有渗透到美国的商业和住宅市场。业主做出投资决策，但却不为能源消耗埋单。商业和住宅部门通常要求回报期小于 3 年，这样就使大型改进项目不具有吸引力。非公共部门的财政不稳定性造成与公共工作机会相比融资成本较高。大部分的政府建设能源效率改进指令以公共建筑为重点。与公共建筑，特别是学校和联承租政府建筑相比，商业和住宅建筑规模较小。

但是，政府开始支持住宅能源服务公司的发展。许多市政府提供教育规划用于提高认知；为审计员和承包商提供认证规划用于确保工程质量，还提供金融刺激手段/补贴（特别是在规划开始阶段）用于开发市场。休斯敦社区横扫计划使用了一种双层次方法，使家用措施和客户收入水平适应不同的资金流要求。如果按收入水平将家庭分组，就可以使不同的资金流流向不同的家庭。住宅能源效率计划（REEP）的基本家庭只接收最高的“划算”措施（如：安装防风雨条、窗户堵缝、阁楼保温、节能灯泡、风管评价），这些措施可能由公共机构融资或者要求与居民资金匹配。“住宅能源效率计划加家庭”（即：低于最低收入水平的居民）接收更进一步的翻新包，包括所有基本措施和“能源星级”天花板风扇、窗户空调装置以及太阳屏，这些可能由政府融资。在商业部门，纽约的帝国大厦是美国能源服务公司实施的地标式建筑。

中国情况：

基于非核心活动外包的增加，能源效率的需要，能源供应安全性和低成本要求以及能源利用效率的提高，中国的能源服务正在不断增长。管理环境部门通过“十一五”和“十二五”规划以及节约能源法达到节能减排目标。所提供的能源服务有联产、公共设施、产业维护、能源管理、区域供热、设施管理和住宅锅炉维护。

目前还属于非常细碎的市场，主要由小型运营商主导。但是，随着国营公共机构和设备制造商加入这个战场，竞争将变得更加激烈。客户参与、高级节能和严格的风险管理是成功的关键因素。随着竞争进入白热化，未来可能会出现产业整合。由于专项能源服务公司提供较低成本的解决方案，更加接近客户并且拥有特定的技术，因此在短期内会最为成功。一些能源服务公司还与设备供应商建立了合作关系。但是，大型国企将会布置其资金用于建立服务性企业。

融资是中国能源服务公司发展的主要障碍，只有1%的贷款流入节能行业。风险评估不足、缺乏抵押是银行不愿借贷的原因。本地政府可以与政策银行合作，通过提供技术支持、绿色教育、增加能源要求财政报告的透明度来克服这一问题。为中小型企业的借贷和风险分担提供担保将进一步打开市场。

（4）绿色商业。①改进销售方式，在所销售产品方面，尽可能销售可拆卸、可分解，零部件可翻新、可重复利用，包装物可回收的产品。②商业实体店的全面绿色化。包括尽可能选用无公害、养护型新能源、新材料，大量使用节能灯具、地热空调、变频冷冻与冷藏系统、智能扶梯等，减少能源与材料的消耗。③实施绿色采购，政府或者企业通过庞大的采购力量，优先购买对环境负面影响较小的环境标志产品，促进企业环境行为的改善，从而对社会的绿色消费起到推动和示范作用。④全面倡导绿色消费观念，积极引导消费者进行绿色消费。

（5）绿色餐饮业。①政府和行业组织应加紧制定相关的政策法规和行业标准，不断规范市场行为，为绿色餐饮的发展创造一个良好的法律和政策环境。②采购绿色食品及原料，严把质量关。③改进烹饪技法，提供绿色产品。④倡导绿色消费理念，提供绿色消费服务。⑤加强绿色餐饮品牌建设，形成品牌示范效应。

（6）绿色旅游业。①倡导和形成绿色旅游消费的意识、氛围和时尚。②全面清查绿色旅游资源，加强绿色旅游资源的统计与规划工作。③加大价格改革、政策调控和资金支持的力度，构建绿色创新的激励与动力机制。④借鉴国外相关法律法规，加快建立健全符合我国国情的绿色旅游法律法规体系，完善约束与惩罚机制。⑤建立和完善绿色旅游标准化体系。

5.4.2 加强规范和引导，实现传统服务业绿色化

（1）制订服务业绿色转型的专项规划。在制订服务业各行业的专业规划时，要结合绿色经济时代对服务业各行业提出的挑战，将绿色指标纳入到服务业各规划中。

（2）以绿色技术创新为基础，促进服务业绿色转型。服务业的绿色转型，不仅要在服务过程中而且要在服务前和服务后一直遵循减量化、再利用和资源化的原则，如果没有相应的技术作支撑，服务业的绿色转型就失去了根基。因此，政府应利用自身的优势为发展绿色服务技术提供一定的支持。

（3）加大政府投资力度，力促传统服务业绿色化。①各级政府应加大促进服务业绿色转型的预算投入。②国家要在财政上设立绿色专项基金专款专用。③在财政投入资金的使用上要手段多样化，如设立专项基金、补贴、奖励、贴息、担保等。④要扩大财政投入资金的使用效果，如通过政府投资促进一些重点服务领域的绿色转型，带来的巨大商机反过来吸引更多的社会资金注入，政府投资起到一个引导作用。或通过政府投入的资金成立担保公司，协助实现绿色转型的服务企业获得更多融资渠道等。⑤要加强财政监督，保证专项基金投入到服务业的关键领域和关键环节。

（4）以绿色市场培育为目的，营造良好的服务业绿色转型环境。①构建绿色服务市场网络体系。政府要制定有效政策，消除不必要的关卡和收费，发放绿色服务产品运输统一标志，制定绿色服务产品运输标准，开辟绿色服务通道。②积极开拓或培育绿色服务市场。政府要根据我国各地区、各部门、各行业的具体情况，利用立法、行政、监测和审核等制约手段以及价格政策、环境税收、银行贷款方面的倾斜政策等经济杠杆来引导资本投向、资源配置、消费模式等导向绿色服务，积极开拓国内外绿色服务市场。③完善绿色标志产品制度。要制订专门针对服务业的绿色标志的申请条件、审查标准和程序、使用要求、期限、管理机构等的实施办法，并使绿色标志的管理规范化、制度化。

（5）以绿色服务贸易政策为杠杆，积极融入全球服务业绿色转型浪潮。为了促使服务企业快速融入到全球服务业绿色转型的阵营中去，政府在制订相关服务贸易措施时，在政策导向上限制和鼓励性政策相配合，设立禁止、限制、允许和鼓励等分类措施。还要设立专门的机构对服务贸易中的各种绿色贸易壁垒进行监测和调查，加强对国外绿色壁垒、绿色标准的研究，总结国内外服务企业突破绿色贸易壁垒的经验教训，制定打破绿色贸易壁垒的对策和预警机制。

（6）以促进服务企业绿化为落脚点，全面落实服务业绿色转型。①加大宣传力度，增强服务企业绿色意识。②制定相关制度，促使服务企业服务生产绿色转型。③积极倡导绿色消费，迫使服务企业绿色转型。④努力加快服务企业的绿色认证，拓宽绿色服务市场，政府应鼓励或牵头相关企业与更多国际权威认证机构的交流与合作，为企业取得国际认证创造有利条件。

5.4.3 降低服务业的污染排放，促进服务业的绿色转型

（1）采用经济手段促使服务业绿色转型。①通过征收环境附加税，提高环保产品的竞争力。对有害于环境的产品征收环境附加税，征收的额度确定在足以抑制消费者购买欲望的水平。②建立抵押返还系统。抵押返还制是指对产生污染的产品的购买者收取一定的押金，当他们把使用过的产品或容器送到指定的堆放地点时，返还押金，通过该机制有效控制服务业固体废弃物污染，提高消费者环境意识和行为。

（2）加强服务业污染防治和环境管理。首先结合区域环境规划，合理调整服务行业布局，建立分类统计系统，对餐饮、宾馆等行业分开管理，分别确定各行业排污总量和收费政策。其次通过信息公开和公众参与，促进服务行业环境行为改善，前者是指管理部门将各单位的环境

行为信息公开，使公众有权能获得这些信息，后者是指公众通过各种途径对各单位的环境行为施加影响。如重庆日前开展的对全市 5 万余家餐馆进行拉网排查，要求所有餐馆在规定期限内必须公示食品添加剂使用情况。

（3）大力推进绿色回收行动计划，探索发展碳服务行业。发展玻璃、塑料、纸张、金属、厨余垃圾、电子器件等回收技术服务产业，培育规范化、规模化的回收技术研发与推广企业，与工业炉窑协同处置企业对接，实现无害化处置。大力发展工业、服务业废弃物的循环利用技术。积极推进排放权交易中心（碳交易所）、低碳技术博览中心、节能环保研发大厦等项目的建设；大力发展碳金融、碳技术交易、碳注册、综合咨询等全方位增值服务；筹备低碳生态高层论坛。

5.5 推动绿色经济全面发展

随着 30 年来经济的飞速增长，中国在完成“千年发展目标”的过程中取得了巨大的成就。自 1990 年以来，中国为了削减世界贫困作出了巨大的贡献。在全球贫困人口削减总量中，中国占了 4/5 的减少量。2008 年，中国向联合国递交了《千年发展目标报告》，中国将在 2015 年有望全部实现。但值得注意的是，中国在两方面的发展现状与目标还有较大差距，即：确保环境的可持续能力和促进男女平等并赋予妇女权利。

绿色转型在发展层面也蕴含着多种发展的“共同利益”和新的机会，如更清洁的能源和更好的健康以及更强的生态系统的保护，而上述这些又会产生出更多的工作和新的绿色就业机会。这些共同利益对于生活在贫困和农村地区的人们特别重要，并且对于实现更强的包容性也起到十分关键的作用。

5.5.1 努力创造就业机会，实现地区均衡发展

中国经济条件差导致欠发达地区公共服务水平低下。政府需要为公共服务提供支持以确保良好的就业前景与新的绿色发展机会。在中国绿色转型的过程中，创造就业机会和提供公共服务将有可能是减少贫困和促进社会发展的最有效的动力。由此，绿色发展的重点任务包括：

（1）绿色转型与绿色发展既能增加新的绿色就业机会，又能不断增强自身创造就业机会的能力。主要表现在四个方面：

- 通过绿色农业与林业在发展可再生能源与生态保护的过程中，创造新的绿色就业机会。中国已经在这一领域走在了前列。
- 在绿色工业转型与现代服务业发展的过程中，大力发展劳动力密集型绿色工业与高质量、现代化的绿色服务业。
- 绿色转型能促进环保产业迅速发展，为社会增加更多的就业机会。
- 在以资源与生态的效率作为生产效率提高的过程中，绿色经济的快速发展与就业的不

断增加不再是一对矛盾体，而应相互促进、协调发展。

（2）在绿色发展过程中，通过就业条件的改善以及公共服务质量的提高，既能减少发达与欠发达地区经济水平的差异，也能缩小发展潜力的差距（教育、医疗、卫生、公共设施与服务）。

绿色发展更强调公平发展和均衡发展，强调全社会人民共享发展成果。因此，提高欠发达地区公共服务均等化的能力，应当成为绿色发展最主要的目标。

在区域政策制定、中央与地方以及地区之间的财政政策和转移支付机制建设过程中，把与民生相关的绿色发展内容提到一个战略高度，为公共服务均等化和帮助贫困地区脱贫提供政策和资金支持。

5.5.2 加强产业融合，促进三次产业协同发展

融合与协同是产业发展的必然趋势，也是绿色经济发展的必然要求，对促进技术创新、优化产业结构、提高生产效率、促进就业等具有显著的作用。中国各产业间的差异明显，突出表现在第一产业、第二产业、第三产业之间以及各产业内部之间发展不均衡，产业之间的协同共进的潜力很大。

中国实现产业绿色转型，需要打破产业失衡的局面，通过产业融合协同发展，积极促进产业的交叉、衔接、融合与协同，注重产业间技术、业务和市场的融合，逐渐形成产业互融互动、协同共进的绿色经济发展局面。重点任务具体体现在以下几个方面：

➢ 转变发展方式，要从依靠第二产业带动向依靠第一、第二、第三产业协同带动转变。

➢ 大力发展生态农业，加快农业产业化进程，促进农业纵向和横向产业融合。

➢ 加快发展生产型服务业，促进生产型服务业与农业、制造业的互动与融合。

➢ 促进高新技术产业与传统产业的融合，实现高新技术产业与传统产业之间的良性互动，促进高新技术，特别是资源节约、环境友好的绿色技术在各个生产领域的广泛应用。

5.5.3 积极创造有利条件，充分发挥妇女在绿色经济中的特殊作用

随着妇女在中国经济发展中的地位和作用日益提高，面对环境退化、气候变化，妇女承担了更多的压力和挑战。同时，妇女在绿色经济发展进程中不再仅仅扮演弱势人群的角色，她们在许多领域，如绿色农业生产、森林绿色管理以及绿色消费等方面将起到关键和引领作用。应从以下方面发挥妇女在绿色经济中的作用：

（1）推动政府将性别观点纳入绿色经济发展的政策和配套措施中，并根据两性不同的需求，制定促进妇女和男性平等参与和受益的政策。

（2）在创造绿色就业机会的过程中，要破除职业和行业性别的隔离以及教育、技术性障碍，保证女性有同等的就业机会。强化妇女在资源管理、环境保护以及传统绿色领域（手工艺品生产、建筑、交通等）的就业，并进一步鼓励和支持妇女参与非传统女性行业和职业，特别是依托于高新技术的绿色产业和职业。

（3）进一步发挥中国妇女组织在推动绿色经济转型中的作用。积极创造条件，鼓励妇联等中国妇女组织参与绿色经济转型，发挥她们的作用，为推动全球妇女发展提供经验和借鉴。

5.5.4 推行绿色消费模式，以绿色消费倒逼绿色经济转型

随着人民生活水平的不断提高以及在拉动经济增长方面内需发挥的作用不断增强，消费理念与消费者在经济转型中的作用将对绿色消费转型起到举足轻重的作用。从市场经济的角度来看，需求本身不仅决定能源与资源的利用规模，同时也影响能源与资源的利用效率。实现绿色消费转型主要包括以下几方面的内容：

（1）政府示范，强化规范绿色采购，引导企业与公众。①政府在日常办公、政府采购、公务接待等方面，本着勤俭、适度的理念，节约和高效利用资源，引领公众消费理念转型。②建立绿色采购产品的环境信息系统网络和公开制度。定期公开绿色采购信息，增加政府绿色采购的透明度。

（2）打造绿色供应链，创建绿色市场体系。①制定绿色产品生产激励性政策。②推广安全、快捷和先进的物流配送及竞价交易方式。

（3）严格管理绿色消费市场，创造安全绿色消费环境。①强化绿色标志认证和管理。②加强市场管理和监督，加大对违法交易行为的惩罚力度。③建立强制退市制度和责任追究机制。

（4）培育绿色消费理念，强化绿色消费的内在驱动。①依托主流新闻媒体对公共舆论的导向作用，进一步加大适度消费和绿色消费理念的宣传。②重视教育对绿色消费理念培养的优势，充分发挥各级学校对绿色消费和可持续消费理念的宣传基地功能。③充分发挥消费者协会、环境保护协会等社会性组织的媒介作用。

6 绿色经济发展的保障措施

6.1 完善法规体系，加大执法力度

6.1.1 进一步完善有利于绿色经济发展的法规体系

（1）进一步完善有关基本法或部门法，加快其他法律的“绿化”进程。例如，加快修改《环境保护法》，明确环境保护主体的权利义务、环境保护基本政策、补充环境资源管理体制与管理机构的权责规定以及涉外环境法的原则性规定；同时，协调好绿色经济的有关法律法规之间的关系，例如，《循环经济促进法》、《可再生能源法》、《节约能源法》、《环境影响评价法》、《固体废物污染环境防治法》和《清洁生产促进法》等，避免重叠和矛盾。

（2）鼓励地方进行立法探索，推进多层次梯度立法。各地应在国家立法的框架内，结合本地特色和实际，制定适合地方需要、可操作性强、可促进绿色经济发展的地方性法规、规章和政策标准。对于现行国家级绿色经济立法空白的区域，地方可以出台法规或规章，对立法的实施效果及时进行评估，为国家级绿色经济有关立法工作积累经验。

6.1.2 加大绿色经济发展相关法律法规的执法力度

由于地方保护主义、功利主义以及本位主义的存在，执法不严成为制约我国绿色经济发展的一个重要问题。为保障我国绿色经济的发展，在有法可依的前提下，应做到有法必依、执法必严、违法必究。通过严格有效执法，提高违法成本，降低守法成本，促使行为主体自觉遵守有关的法规与标准。

（1）完善执法监督机制。要在完善有利于绿色经济发展的法律法规体系的基础上，健全有关监督执法体系，推行行政问责制，落实行政执法责任过错追究制，加强内部监督和层级监督制约，充分发挥社会监督作用，切实防止行政执法人员滥用权力、越权执法、随意执法和不作为等问题。

（2）加强联合执法能力建设。加强各级绿色经济执法能力的建设。健全各级执法机构，完善执法程序，提高执法人员素质，加大执法建设投入，建立执法标准化体系。深化行政执法体制改革，积极推进相对集中处罚权和综合执法改革，解决多个部门分散执法和部门内部多头执法的问题。

6.2 转变政府职能，服务绿色转型

6.2.1 明确政府职能，建立绿色经济发展的市场机制

（1）建立服务型政府。深化体制改革，转变政府职能，从“经济建设型政府”向“公共服务型政府”转变，清晰地界定政府涉足的领域和范围，转变参与经济与社会管理的方式方法，形成绿色经济发展的政府服务机制，优化绿色经济发展软环境。

①要转变思维方式，突出“服务”在政府职能中的核心地位，树立与绿色经济发展相适应新思维、新观念，把企业满意、社会满意、公众满意作为政府工作的出发点和落脚点。②进一步简政放权，减少政府规制的范围与程度，增强政府规制和组织的柔性，优化服务，提高行政效率。清理不合理的行政审批和收费项目，加强水、电、环保、交通、通信等基础设施建设，逐步开放市场、打破垄断、引入竞争机制，为绿色经济发展创造良好环境。③加强政务公开，建设“阳光政府”。建立行政部门信息公开制度以及公共信息查询、公共事务咨询等政务公开制度，促进社会性信用中介服务业的发展，有效利用公众和社会力量监督政府职能。

（2）完善市场监管。建立合理的政府市场监管职能体系，努力解决监管缺位、错位和监管素质不高等市场监管中存在的问题。加快有利于促进绿色经济发展的制度建设，简化程序与规范管理相结合，加强市场监管的执法力度，加强绿色经济各市场监管主体之间的协调联动，促进市场监管行为的统一、规范与高效开展。利用市场调节功能，健全绿色经济市场准入机制，建立并完善多层次资本市场体系，逐步形成绿色的融资和服务环境。积极促进社会化市场监管，充分发挥行业管理在市场监管中的作用，努力拓宽公众与社会监督的渠道与方式。

（3）加强政策引导。绿色经济在中国的发展尚处于初级阶段，实现绿色转型和全面发展面临许多困难和制约，政府在完善市场监管的同时，还应从宏观层面进行积极引导，特别是利用环境经济政策手段引导各主体的行为，促进绿色经济的健康快速发展。可利用制度安排、税收、金融、绿色采购和转移支付等政策手段，引导产业结构调整，鼓励企业实施清洁生产、加强资源循环利用、深化节能减排。同时，借助各种舆论媒体，倡导绿色消费，加快资源节约型、环境友好型社会建设。

6.2.2 强化绿色发展评估，推动环境经济综合决策

（1）建立健全绿色经济发展综合评估机制。绿色经济发展涉及各个部门，能源、资源、环境和财政经济几乎涵盖了各个领域，如果不能在部门之间甚至部门内部达成共识，就容易造成政策“打架”现象，造成现实中节能不一定环保、环保不一定节能等政策目标相互不兼容的现象，难以形成政策合力，充分发挥各项政策的潜力和绩效。建立绿色经济发展政策综合评估机制就是要通过对跨部门、跨行业的政策进行综合评估，识别政策障碍和薄弱环节，强化多部门

协调政策对促进绿色发展的关键性作用。建立绿色经济发展目标责任制和绩效考核制度。根据各地经济社会发展与资源环境保护的特点，明确各地区的发展目标，建立与之对应的绩效考核制度，对绿色发展政策执行情况进行评估，将评估结果作为政绩考核以及未来绿色经济发展有关决策的依据。

（2）建立绿色经济发展政策综合评估结果公示制度，接受公众监督和质询。强绿色经济发展相关信息公开，促进公众监督。通过网络和各种媒体，定期公布绿色经济政策执行情况，每五年出版绿色经济发展政策绩效综合评估报告。积极推进绿色经济发展有关的信息公开，建立绿色经济发展政策综合评估结果公示制度，促进社会公众对绿色经济发展做出独立客观的评估，广泛接受社会公众的监督和质询，为政府的绿色经济发展决策提供参考。制订专门的规章和制度，切实保障公民对绿色发展过程的监督和质询权利的实施。

（3）不断完善对重大经济社会问题的科学化、民主化、规范化决策程序，形成科学决策机制。做到“没有经过充分的调研论证不决策，没有两个以上的比选方案不决策，没有经过专家学者的论证不决策”。科学预测绿色经济的发展趋势，为更好地制订绿色经济发展相关政策提供有效支持。建立对行政权力的制约和监督机制，保障群众的知情权、参与权和监督权。完善重大事项报告制度、质询制度、民主评议制度和政府规章备案审查制度，纠正违法或不适当的决策。

6.2.3 明确界定环境资源产权，完善资源价格形成机制

（1）明确界定资源环境产权。对于狭义的生产资源，在保持资源最终公有制的前提下，通过招标、资源产权入股、有偿划转等方式尝试将资源的使用权转让给微观主体，并与微观经济主体订立长期使用合约，明确其占有、使用资源并获得收益的权利以及履行保障资源可持续性使用和保护资源的义务；对于广义的环境资源，要求环境资源的开发利用主体从一开始就对开发区域甚至影响区域的生态环境付费，并对于后期的环境质量承担完全责任。

完善排污权等非传统资源的产权界定，促进资源与环境的价格形成机制及合理定价，促进资源环境的优化配置。完善相关法律法规体系，明确受益者向受损者付费的责任；建立权威的资源环境产权评估机构，对资源环境产权进行测量；构建资源环境产权风险管理体系，对风险进行科学计量和管理；形成高效的行政管理体系，及时改进资源环境政策，实现资源环境更好地服务于经济建设；完善资源环境信息服务体系，减少受益者和受损者之间的信息障碍。

（2）完善资源性产品价格形成机制。建立健全能够灵活反映市场供求关系、资源稀缺程度和环境损害成本的资源性产品价格形成机制，促进结构调整、资源节约和环境保护。继续推进水价改革，推行大用户电力直接供电和竞价上网试点，完善输配电价形成机制，改革销售电价分类结构。积极推行居民用电、用水阶梯价格制度。进一步完善成品油价格形成机制，理顺天然气与可替代能源比价关系。适当提高资源税负，完善计征方式，将重要资源产品由从量定额征收改为从价定率征收，促进资源合理开发利用。

（3）建立健全资源环境产权交易和生态补偿制度。引入市场机制，建立健全矿业权有偿使用和交易制度。规范发展探矿权、采矿权交易市场，发展排污权交易市场，合理确定初始排污权购买价格，完善污染物排放总量核定办法，将排污权有偿使用和交易同排污许可证制度挂钩，征收初始排污权有偿使用费。完善相关法规政策，促进资源环境产权有序流转和公开、公平、公正交易。

把生态补偿作为促进社会公平公正的调节手段，建立生态环境补偿机制，确保西部地区的生态安全；实行区域生态补偿政策，解决下游与上游、开发区域与保护区域、受益地区与受损地区、受益人群与受损人群以及自然保护区内外的利益补偿问题；矿产资源开发要坚持“谁开发、谁保护，谁利用、谁补偿”的原则，完善矿山环境保护和土地复垦保证金制度。

6.2.4 发挥政府主导作用，建立和健全环境风险防范机制

（1）编制和实施环境风险管理规划。紧密结合“十二五”国民经济和社会发展规划纲要要求，针对重点区域、重点行业，编制并实施环境风险管理规划。规划应突出不同风险应对手段的经济技术可行性分析，确保在现有条件下，能够采取经济有效的方式预防和降低环境风险。

（2）构建政府环境质量风险防控与应急联动体系。建立污染事件的多部门应急联动机制，确保事故发生后，能够第一时间调动各方面的有效力量，采取及时有力的措施对事故进行处置，减少事故的影响。政府负责对辖区内敏感受体，主要是人群集中的场所和学校等敏感受体进行环境风险防范的宣传和教育，让广大公众了解环境风险和应采取的必要的自我保护和应急措施。

6.3 深化财政体制改革，加大绿色财税政策支持力度

6.3.1 切实加大财政投入力度

（1）建立财政支持绿色经济发展的资金稳定增长机制。各级政府应该加大对绿色经济发展的预算投入，将与之相关的重点项目，包括节能减排、清洁能源开发、技术创新等方面，纳入国民经济和社会发展计划，逐年加大财政投入，提高支持绿色经济发展的政策保障能力。目前，财政上已经设立了节能减排专项资金、可再生能源专项资金等多种专项资金，为了提高资金使用效益，需要整合不同的专项资金，形成统一的、具有一定资金规模的、绿色经济发展专项资金。

（2）创新财政投入手段。根据各类财政政策的性质和特点，结合绿色经济发展不同领域的需要，综合运用财政预算投入、设立基金、补贴、奖励、贴息、担保等多种形式，最大限度地发挥财政投入的效益。在补贴环节上，从以往主要补助生产环节，转向在补助生产环节的同时扩大对消费环节的补助；在具体使用方式上，更多地采用财政贴息这类间接优惠方式，以调动银行贷款和其他社会资金投入绿色经济发展领域，从而更好地发挥财政资金“四两拨千斤”引

导调控作用，放大财政资金的支持功效。

（3）建立中央和地方多级共同投入的机制。支持绿色经济需要中央与地方政府联动，形成各级财政、各个主管部门共同投入的机制；同时，财政投入应与各级政府在税收、金融、价格等方面的扶持政策协调一致，以求形成合力。财政投入政策应注重与金融政策、银行信贷等方面的配合，通过加大财政贴息支持力度，引导银行调整信贷方向，扩大贷款规模，给予优惠利率贷款，根据项目要求适当延长贷款期限，从而更多地为绿色经济发展拓宽融资渠道，吸引企业和其他社会投资，使财政资金真正起到“四两拨千斤”的作用。

（4）强化财政资金绩效管理。建立绩效评价制度，确保财政投入资金的科学性和有效性。①相关财政投入政策的绩效评价制度，包括规范的财政投入绩效考评办法、考评工作规程等；②建立税式支出制度，加强相关税收激励政策管理。为了能够掌握税收优惠的政策效果，可以尝试将对相关税收优惠政策作为税式支出制度改革的试点；③建立相关政府采购的绩效评价制度，全面地对政府采购进行评价。运用科学的评价方法对财政支出的全过程进行相关分析，并将考评结果融入整个预算编制，从而使财政资金的分配和使用遵循经济、高效的原则进行，以提高政府管理效率、资金使用效益和公共服务水平；④在此基础上逐步建立相关财政政策绩效评价的信息收集网络和数据库。

6.3.2 着力推进价格和税收制度创新

（1）进一步强化资源价格管理，完善价格形成机制。目前大部分资源环境物品价格扭曲，难以反映其稀缺性，造成资源退化和环境污染等外部性问题难以解决。作为推动绿色发展的重要手段，政府应充分重视资源环境物品价格良性形成机制的重要作用。完善价格形成机制主要着重以下几个方面：①加强能源矿产价格管理，政府应减少价格干预和垄断，将主要精力放在市场管理和环境管理上来，引导和推动市场定价机制的形成；②继续推进水价改革，推行大用户电力直接交易和竞价上网试点，完善输配电价形成机制，改革销售电价分类结构。积极推行居民用电、用水阶梯价格制度；③进一步完善成品油价格形成机制，理顺天然气与可替代能源比价关系。适当提高资源税负，完善计征方式，将重要资源产品由从量定额征收改为从价定率征收，促进资源合理开发利用。

（2）积极推进税制改革，强化税收手段对提高资源效率，降低环境风险和环境污染方面的激励性作用。中国“十二五”期间税收制度创新的基本方向是结构性税收制度改革，即：一方面实施若干增税的改革（如引入新的环境税、调整资源税等税种）；另一方面实施减税改革（如增值税扩围和逐步取消营业税、增加对特定产业的税收优惠等），使宏观税负基本保持稳定（图 6-1）。这样既可以减轻税收对经济活动的扭曲，又能充分发挥税收的宏观调控作用。作为推动绿色经济的税收制度创新，其核心内容就是改善排污费体系，同时逐渐将排污费系统逐渐引向环境税方向。税制改革的具体内容覆盖以下几个方面：

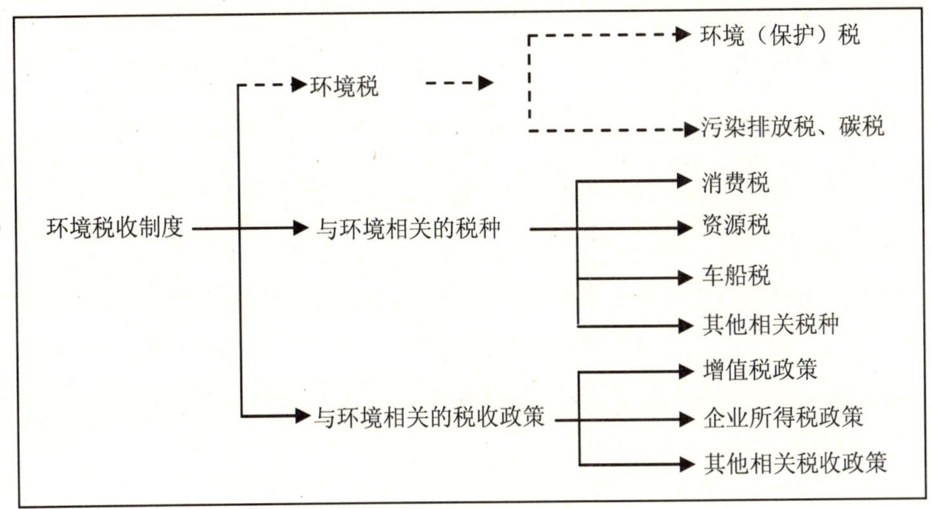

图 6-1　中国未来环境税体系结构设想

① 加快推进资源税改革范围和力度。一是调整计征办法，可以考虑采用从价与从量计征相结合的办法。对市场价值高、价格变化大的矿产品，如原油、煤炭、天然气和金属矿产品等，按销售收入实行从价计征；二是适度提高资源税税率。在现有政策基础上，进一步提高稀缺性资源、高污染和高能耗矿产品的资源税税负，并结合能源产品价格调整和收费制度改革，理顺能源产品的价格形成机制；三是进行资源税费制度综合改革。应适时进行资源税费制度改革，将各种资源收费并入资源税。

② 消费税政策的调整。将目前尚未纳入消费税征收范围、不符合节能技术标准的高能耗产品、资源消耗品纳入消费税征税范围；适当提高现行成品油及其他高耗能产品的税率，如提高大排气量轿车的消费税税率；适当降低低排气量汽车、摩托车税率，对符合一定节能标准的节能产品给予一定程度的消费税优惠。

③ 车船税政策的调整。一是调节计税依据。对机动车选择以排气量作为计税依据，对于载重汽车和船舶也可以采用重量作为计税依据；二是提高税负和实行差别税率。在改革方向已经明确的条件下，2010 年车船税法草案向公众征求意见，2011 年 2 月获全国人大通过。目前，该法实施条例刚刚开始公开征求意见。该税种总的改革方向是依排气量从小到大递增税负，对混合动力和新能源汽车给予税收减免。

④ 开征独立环境税（包括碳税）。开征独立环境税是构建环境税制的核心。根据我国“简税制、宽税基、低税率、严征管”的税制改革原则，可以考虑开征“环境税”或“环境保护税”的税种，将废水、废气、固体废弃物和噪声等在内的污染物排放和二氧化碳排放设置为环境税的税目。碳税的征收可以从低水平开始逐渐上升，但关键在于向市场发出及时、清晰与长期的价格信号，这也是成功国际经验的关键所在。

⑤ 实施相关减税措施。一是积极推进增值税扩围改革。按照先易后难、逐步到位的原则，可先将与货物生产流通联系比较紧密的交通运输业、建筑安装业等行业纳入按抵扣机制征收增

值税的范围。二是对战略性新兴产业、现代服务业给予所得税方面的优惠。三是对中小企业给予税收优惠。相关财税部门，应制定扶持中小企业技术创新的税收优惠政策，为中小企业融资创造良好条件。

专栏 6-1　OECD 国家征收 CO_2 税的经验

引进 CO_2 税（与其他与环境相关的税种相似，可以提高主要的税收收入）面临两个主要障碍：一方面是对某些行业部门间竞争所带来负面影响的担忧，另一方面是某些家庭（例如低收入家庭，老年人，或者生活在特定区域的人）会受到负面影响。考虑到以上这两个方面，在税制改革中有几种途径可以维持此类税种的环境影响。

中国重要的经验是，通过引入 CO_2 税可以克服以上的障碍。一些国家（如丹麦、芬兰、挪威、瑞典、英国等）都实施过长达 20 多年的相关税，尚未对其经济发展产生过任何负面影响。另外，由于工商业引入这一税种的时机，反对开征这一税种的声音已经非常微弱。

OECD 国家的一个案例也提出面临各项税收的企业，可以通过不断创新，在面临削减比率时依旧能够保持良好的经济势头。

资料来源：OECD，2011

6.3.3 继续扩大政府绿色采购范围

（1）扩大整体政府采购的规模。按国际上政府采购规模一般占财政支出的 30%～40% 计算，政府采购规模应该达到 1.8 万亿～2.4 万亿元。这表明我国政府采购的规模还有着很大的发展空间。

（2）在政府采购中，继续扩大政府绿色采购的范围和比重。为了增强节能政府采购的效果，有必要进一步扩大政府采购的节能产品的范围，增加节能产品采购占政府采购规模的比重。节能产品政府采购清单应继续完善细化，扩大品种，把相关绿色产品、环保设备、新能源设备都纳入政府采购范围。

（3）完善政府采购预算管理，提高其透明度。政府采购预算是财政支出总预算的有机组成部分，其采购资金的来源分为预算内资金和预算外资金；政府采购预算按性质可分为货物类采购预算、工程类采购预算以及服务类采购预算。完善政府采购预算管理，就要求各部门及预算单位必须加强对政府采购制度与政策的认识，认真贯彻执行政府采购法；要加大对政府采购预算管理的宣传力度，提高各级各部门对编制政府采购预算的认识，确保政府采购预算编制的顺利推行，高质量地完成政府采购预算编制任务；健全制度，完善政府采购财务管理体系，保证政府采购资金的及时支付，促进整个政府采购工作规范有序地发展，同时，还要推进政府采购预算的公开、透明，使其在阳光下接受广大公众的监督，避免灰色采购。

6.3.4 进一步深化财政体制改革

（1）建立基本公共服务均等化制度。各级政府必须在经济发展的基础上，更加注重基本公共服务均等化建设，着力保障和改善民生，努力使全体人民学有所教、劳有所得、病有所医、老有所养、住有所居，推动建设和谐社会。具体到财政体制上：在改革公共收入制度方面，要适度提高财政收入的“两个比重”；努力实现国民经济又好又快发展，增加国民经济总量，扩大税基；加大增收力度，做到应收尽收；适时开征新税种。在改革公共支出制度方面，要建立公共服务投入稳步增长机制，优化政府公共支出结构，把有限的公共财政资源优先用于基础教育、基本医疗和公共卫生、基本社会保障、公共就业服务就业等基本公共服务领域。

（2）完善和规范转移支付制度，确保基本公共服务均等化的真正实现。①提高一般性转移支付比例，增强地区公共产品供给的自主性，逐步实现基本公共服务均等化。②规范与清理专项转移支付，逐步减少中央各部委提供公共服务的支出责任，强化政策规划、指导和监督职能。③加大省对县财力转移支付力度。一方面要加快推进省以下财政体制改革，加大省内调节力度；另一方面可以考虑引入“地方财力内部差异”因素，并作为地方接受中央转移支付测算考虑的因素之一，强化省级财政的财力平衡。

（3）建立县级基本财力保障制度。完善地方税体系建设，巩固基层政府财源。首先，明确税收立法权的划分。为保证全国政令的统一及维护全国统一市场，对于在全国范围内普遍开征的税种，其立法权归中央；对于地域特征明显，分布不具有全国普遍性的税源，地方可根据本地区经济发展的具体情况和实际需要进行立法，开征地方性税种。其次是建立以财产税为主要税种，其他税为辅助税种的地方税制结构。此外，还要加强非税收入管理。充分挖掘包括土地使用权、公交路线经营权、城市广告经营权、矿山旅游水电资源开发权等在内的政府资源性收入和彩票发行、重要庆典活动冠名权等政府特许权收入，增加基层政府的可用财力。

因地制宜推进“省直管县”财政管理体制和“乡财县管”财政管理方式改革，保障基层政权正常运转所需经费。省级财政在体制补助、一般性转移支付、专项转移支付、财政结算、资金调度等方面尽可能直接核算到县，减少财政管理层次，提高行政效率和资金使用效益。在推广过程中，要因地制宜，避免模式趋同，充分考虑地区的特殊性。注意协调“省直管县”体制中县（市）同原上级地级市之间在利益关系、工作程序等方面的协调，减小体制变动对基层财政的冲击。

（4）科学划分事权。根据支出受益范围等原则，依法规范中央和地方政府的支出责任。对于国防、外交、国家安全等全国性公共服务，应由中央财政承担；具有调节地区间、城乡间重大收入分配性质的财政支出责任，应由中央财政承担或由中央财政与地方财政共同承担；地方性行政管理、基础设施等地方性公共服务的支出责任由地方财政承担，对民族地区、贫困地区，中央财政可以通过转移支付给予适当帮助；对于在省级范围内，具有“外溢效应”的公共服务，应由中央政府和地方财政共同承担。同时，充分考虑基本公共服务均等化进程以及各地的财政能力，合理确定中央与地方的负担比例，引导地方政府将公共资源配置到社会管理与基本公共服务领域。

（5）加强政策联动，切实提高政策资金的针对性和有效性。建立财政、税收政策与金融、价格等扶持政策协调一致的联动机制，要采取各类扶持政策的“组合拳”。通过加大财政贴息的支持力度，引导银行调整信贷方向，扩大贷款规模，给予优惠利率贷款，根据项目要求适当延长贷款期限，从而更多地为绿色经济发展拓宽融资渠道，吸引企业和其他社会投资。

6.4 推动绿色科技创新，增强核心竞争力

6.4.1 实施国家绿色科技发展战略，研发绿色核心技术

（1）充分发挥政府的统筹作用，制订推进绿色科技发展目标和规划。政府应充分认识到绿色科技的经济价值和社会价值，各地区和各部门要从战略和全局的高度充分认识发展绿色科技的重大意义，根据自身的自然资源禀赋、产业基础，结合国家的发展重点，因地制宜培育出适宜本地发展的战略性新兴产业，推动产业结构调整升级和经济发展方式转变。采取切实有效的措施，进一步加强政府在推行绿色科技中的引导和推进作用，推进绿色科技的发展。

（2）立足国内外资源，着力突破关键技术。瞄准国际科技前沿，加大研发投入，强化自主创新，加强产学研用的结合，组建以优势企业为主体的产业技术联盟，加快推动一批关键技术的研发、消化吸收和产业化，努力在关键技术、高端共性技术的研发上取得重要突破。充分利用全球科技资源，在新兴产业领域加强国际合作，大力引进海外高层次人才和团队，同时鼓励国内企业“走出去”，支持科研单位或企业到国外收购研发机构，通过合作吸收国外的高新技术及开拓国际技术市场，为新兴产业发展创造更多有利条件。

（3）实施战略性新兴产业重大专项，推动绿色产业发展。加强和促进与绿色科技相关的基础科学技术的研究和开发，加快新兴产业重大项目的实施，着力发展一批具有较强自主创新能力的先导产业、培育一批具有国际市场竞争力的品牌产品、打造一批跨国经营能力强的龙头企业、形成一批战略性新兴产业集群集中力量。增强技术创新和产业化能力，带动和促进战略性新兴产业的培育和发展，推动绿色产业发展壮大，抢占未来经济竞争的制高点。

（4）积极开展绿色技术试点，推进绿色技术引用转化。在重点行业、重点领域、产业园区和城市组织开展绿色技术试点工作。开展绿色科技的示范工程，验证技术的可行性、经济的效用性、政策的保障性以及市场的认可度，筛选适用绿色科技，推进绿色技术的引用转化。

6.4.2 鼓励企业自主创新，建立绿色创新机制

（1）重视企业的创新主体地位，建立分类指导管理体系。中央层面应当加强对各类企业的分类指导和管理，根据产业特点，制定差异化的发展战略，一方面着力培育“大而强”的行业

龙头企业，发挥导向作用，带动配套企业发展；另一方面促进“小而精”企业发展，为战略性新兴产业发展提供基础性力量，创造大量就业机会。同时探索产业技术联盟的有效组织工作方式。引导和支持创新要素向企业集聚，使企业成为研究开发投入、技术创新活动、创新成果应用的主体。

（2）孵化培育弱势新兴产业，建立中小企业技术创新机制。国家要在节能环保、航空航天、地球、空间、海洋工程、高端装备制造、核应用技术、新能源等技术领域提供孵化、资金、技术开发与转让、市场开拓等政策支持，加大对技术前景好、研发能力强的中小企业的支持力度，建立中小企业技术创新机制，尽快培育出一批能够带动薄弱产业发展的创新型企业，扭转中国战略性新兴产业基础参差不齐的现状。

（3）强化大型国有企业集团龙头作用，加强军民科技资源集成融合。大型国有和军工企业集团要利用市场机制变革和调整产业结构的有利时机，强调技术转换和产品开发，根据自身市场竞争优势进行产业链和价值链的重新布局，强化大型企业集团对特定战略性新兴产业链的引导和控制能力。

（4）发挥融入国际市场企业集团的带动作用，加快形成若干区域创新中心。具有国际市场的企业大多属于高端制造业，应积极为这类企业集团总部基地研发中心、管理中心或销售中心提供配套服务，利用其国际化、规模化、高端化优势，带动同类及下游行业企业高水平发展，实现技术、服务和产品领域与国际的全面接轨，提高中国企业竞争力。在京津冀、长三角、珠三角三大经济板块开展区域创新中心建设示范工程，发挥国家创新型城市、自主创新示范区、高新区的集聚辐射带动作用，建设1～2个具有全球影响力的区域科技创新中心。

6.4.3 建立科技研发和推广体系，保障绿色科技产业化

（1）以加速绿色产业规模化发展为目标，创新科技研发和推广体系。加快建立以企业为主体、市场为导向、产学研相结合的技术创新体系。研究发展科技中介服务机制，提高我国的技术服务能力，充分发挥行业协会、节能环保服务中心、清洁生产中心等中介机构和科研院所的作用，改善科技创新环境。建立绿色科技信息系统和技术咨询服务体系，及时向社会发布有关绿色科技的技术管理和政策方面的信息，提供信息咨询、技术推广、宣传培训等灵活多样的技术服务，加速科研成果在生产中的应用。设立绿色新技术成果转化专项资金，推动高新技术成果的转化，促进高新技术走向市场。

（2）组织实施重大产业创新发展工程，加强科技基础设施建设。围绕重点学科和战略高技术领域，新建若干国家科学中心、国家（重点）实验室以及国家科技基础条件平台；在关键产业技术领域建设一批国家工程实验室，优化国家工程中心建设布局；加强企业技术中心建设，支持面向企业的技术开发平台和技术创新服务平台建设。联合科研机构、高校和企业的基础研发力量，组织实施若干重大产业创新发展工程，开展基础性、前沿性技术和共性技术研究平台建设，建设和完善国家重大科技基础设施，加强相互配套、开放共享和高效利用，加速科技成

果转化和产业化。

（3）研究制定科技创新支持政策，保障绿色科技创新战略。学习国外先进经验，研究设立战略性新兴产业发展专项资金和产业投资基金，加大政府对基础研究和政府科技资源对企业的支持力度。强化支持企业创新和科研成果产业化的财税金融政策研究，确保财政科技经费投入稳定增长。建立多层次资本市场融资机制，带动社会资金投向处于创业早中期阶段的创新型企业。研究运用风险补偿等财政优惠政策，鼓励金融机构加大信贷支持力度，制定鼓励创新、引导投资和消费的税收支持政策。加快研究制订有利于战略性新兴产业发展的行业标准和重要产品技术标准体系，以及支持新产品开发应用的配套技术政策体系。开展科研经费管理与鼓励创新等制度的改革试点，实施包括企业研发费用加计扣除等促进技术进步的税收激励政策、知识产权质押金融政策、技术产权交易制度等综合性配套政策措施。

（4）开展绿色科技发展的准入和评价制度建设，改善科研工作氛围。建立绿色科技综合评价指标体系，加快制订高耗能高污染行业的市场准入标准和合格评定制度，制订重点行业清洁生产评价指标体系和污染控制标准。完善主要用能设备及建筑能效标准、重点用水行业取水定额标准和主要耗能行业节能设计规范。完善绿色认证制度，建立和完善强制性产品能效标志，再利用标志、节能建筑标志和环境标志制度，开展节能、节水、环保产品认证以及环境管理体系认证。完善科技成果评价奖励制度，加强科研诚信建设；针对科研工作有风险、时间周期长等特点，研究建立重大科研专项长期跟踪评价机制，形成允许创新性工作失败、重大技术领域持续推进的良好工作氛围。

6.4.4 以环境标准促进绿色创新，为绿色转型提供技术保障

在国际研究前沿快速发展、竞争日益激烈的今天，提高中国的基础研究在能源、环境和气候变化领域中研究方向和投入强度的针对性和及时性，以及培养复合型绿色基础研究人才迫在眉睫。要提升中国绿色创新的速度与规模，并增强国际竞争力，就要缩小基础研究和应用研究与技术市场化和工业化之间的差距。

在国际绿色转型政策创新领域，研发政策、创新政策与环境保护政策的有机结合，作为激励创新、加速市场与工业化的催化剂，已成为政策的一个热点和亮点。“十二五”期间，中国强化环境政策，特别是随着环境标准的提高与新标准制定，如二氧化硫、氮氧化物与重金属等排放标准将大幅度提高，与国际接轨将为环境政策带动绿色创新创造良好的政策与市场环境（图 6-2）。将政府对企业的绿色创新研发领域的各类支持与更加严格的环境标准有效结合，将是中国的绿色创新低成本、大规模、高速发展的保障。

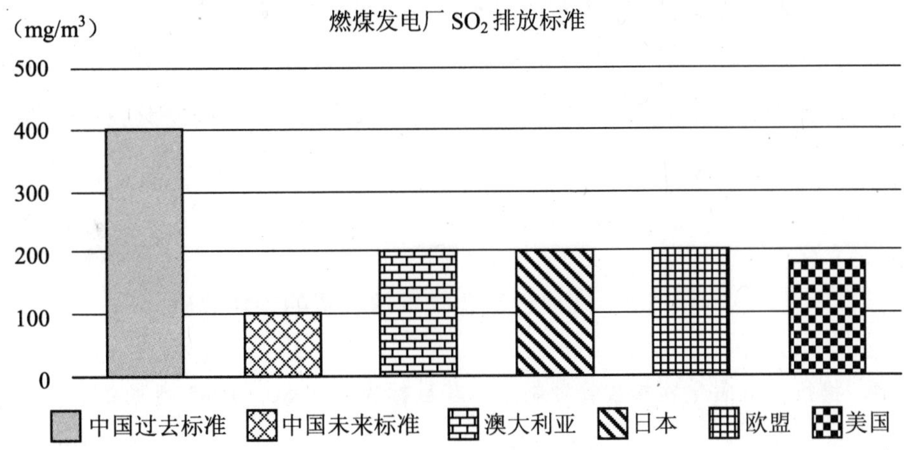

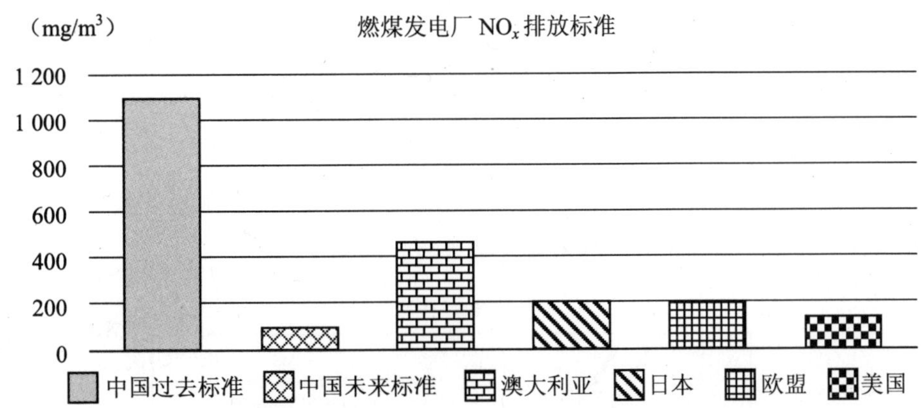

图 6-2　中国现行与未来的二氧化硫和氮氧化物排放标准与国际的对比

资料来源：2011 年中国绿色技术报告，第 66 页

通过采用严格的环境标准来激励绿色创新、减少减污成本。瑞典所实施的氮氧化物排放收费的经验可作为最佳借鉴。在中国推行的氮氧化物减排目标中，以及正在进行的费改税的调整过程中，此案例将有重要的参考价值。它对环境标准的设计、标准的高低以及与其他政策进行了综合考虑，利用各类激励政策与支持政策的“组合拳”实现了最佳的效果。即通过机制创新，解决了“创新不足”和“污染过剩”的双重市场失灵问题。

借鉴国际经验，把严格的环境指标转化为创新的动力和能力，所需的保障措施体现在以下几个方面：

（1）将科学、务实的环境指标制订作为推进绿色技术与创新开发的手段。环境指标的制定要与节能减排的发展有机结合，既考虑到中国节能减排的整体现状，同时也要积极挖掘行业内不同企业的不同技术潜力与研发力量。在此基础上，利用行政约束与创新激励相结合的方式，推动绿色创新在企业节能减排与绿色转型的实际行动。

（2）创造性地将环境生态保护政策与创新和研发政策相结合，在此领域积极开展国际交流与合作。在目前中国企业自主研发能力参差不齐，以及中国研发成果的市场化与产业化、针对性与实用性不足的双重挑战下，通过企业自主研发、基础研究、国际标准制定与国际绿色研发创新平台的融合，积极借鉴该领域的国际经验（例如，BAT 最佳可行技术与国际环保标准结合，EU Joint Technology Initiatives 欧盟联合技术开发行动），为中国企业在国内和国际市场上创造良好的创新环境。

专栏 6-2 瑞典氮氧化物排放收费的创新效应

1992 年，推行了氮氧化物排放收费制度，其目标是将 1980—1995 年的氮氧化物排放总量减少 30%。其独特设计在于，虽然排污费的征收起点很高（每千克氮氧化物 40 瑞典克朗），但是，根据能效水平差异，企业能够得到相应的排污费返还或额外的费用追加。企业能效越高，返还的排污费越高；相反，如果企业能效越低，其上交的排污费不但得不到返还，反而还须追加额外氮氧化物费用。排污收费系统作为一个整体，其征收的全部排污费以此方式最终返回企业。

这一排污收费制度设计的最优处体现在其对创新的激励作用。如下图所示，征收排污费后，企业氮氧化物的边际减排成本快速下降。这是由于各企业根据其生产规模与工艺特征，积极开展了各种创新技术和活动，进行氮氧化物减排和能效的提高。

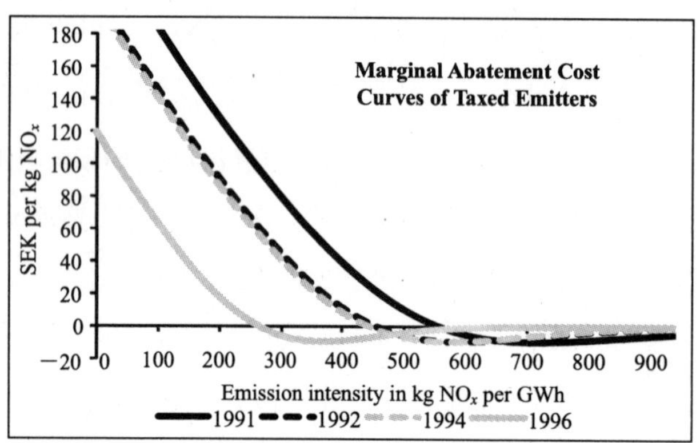

资料来源：经济合作与发展组织的税收、创新和环境，2011

6.4.5 构建绿色科技创新型人才体系，营造尊才重才环境

（1）培育绿色科技人才梯队，突出造就创新型科技人才。加强绿色人才培养投入，提高绿色科技人才的培养机构数量与质量。依托国家重大科研项目和重大工程、重点学科和科研基地、国际交流合作项目，建设高层次创新型科技人才培养基地。既要以高层次创新型科技人才为重点，造就一批世界水平的科学家、科技领军人才和高水平创新团队，又要注重培养低端技术工人、商业人才、经营管理人才和青年科技人才，积极引进和用好海外高层次创新创业人才，形成绿色科技人才储备梯队。

（2）促进各类人才队伍协调发展，满足人才多样化需求。大力培养和开发装备制造、生物技术、新材料、航空航天、国际商务、能源资源、绿色农业、绿色交通、绿色建筑等产业领域和教育、文化、政法、医药卫生等社会领域急需紧缺专业人才，统筹推进党政、经营管理、专业技术、农村实用、社会工作等各类人才队伍建设，努力培养一大批既有扎实理论功底又有丰富产业实践经验的复合型绿色人才。确保人才数量充足、结构合理，提升整体素质和创新能力，满足绿色经济社会发展对人才的多样化需求。

（3）创新人才管理与培养开发机制，营造尊才重才环境。建立健全政府宏观管理、市场有效配置、单位自主用人、人才自主择业的体制机制。创新人才管理体制和人才培养开发、选拔任用、流动配置和激励保障机制，营造尊重人才、有利于人才脱颖而出和充分发挥作用的社会环境。改进人才服务和管理方式，抓好重大人才工程，推动人才事业全面发展。

6.5 营造绿色发展环境，促进发展成果共享

6.5.1 加强宣传教育，培育绿色价值观

（1）整合各种资源，制订统一的绿色宣传战略。整合和充分发挥新闻媒体、教育出版机构及社会团体的优势，建立全方位的宣传策略。不同媒体机构之间应加强协作，集中人力物力打造规模化的绿色宣传媒介，如期刊和图书等，集中开展宣传活动，形成强大的舆论攻势。

（2）打造绿色样板区和绿色基地，引领社会绿色观念转型。绿色价值观念的培育不仅需要通过媒体的宣传和教育，更需要通过绿色基地的建设，示范和引领绿色发展，推动人们观念和理念的转型。政府机构和公务员群体应充分发挥自身对绿色意识培养的带动作用，积极开展和参与绿色政府和绿色家庭创建活动。

（3）充分发挥学校的教育基地功能，培育绿色价值观念。①要将绿色价值观念纳入现有的教材体系，将培育绿色价值观念作为学校教育的重要目标；②要改革现行的以分数和评级为主的教育导向，注重人的素质的全面提高；③要改革和创新教学方式，强化教学过程中学生与自然和社会的接触和参与，通过组织参观和专题讲座的形式，加深学生对人与自然和谐、节能、低碳和环保理念的培育；④在大学和专科教育中，注重对绿色发展、绿色技术开发、节能环保教育宣传等方面人才的培养。

6.5.2 鼓励公众参与监督，为绿色经济创造公平竞争环境

（1）明确公众参与权在宪法和法律中的地位。明确公众参与的宪法和法律地位是公众参与绿色经济发展过程的权利依据和来源。创建公众参与机制首先要明确公众参与的法律地位。

（2）健全和完善信息公开制度。信息公开是公众参与绿色发展和决策的前提条件。政府要强化信息公开条例的执行力度，建立健全信息披露制度。既要明确公众有获取环保信息的权利，

又要明确规定机关或单位有发布或提供环境信息的义务。

（3）创新公众参与的方式、规范公众参与程序。政府应制订专门的规章或条例对公众参与的方式和程序做出规定。通过媒体和听证会等形式，及时公布政府机关对绿色发展的重大政策、绿色消费产品的认证、执法检查、违法处理等方面的信息。

6.5.3 加强对妇女、少数民族及弱势群体的发展支持和保障

（1）提高减贫扶贫标准，使更多贫困人口分享经济发展成果。根据经济发展水平和物价涨幅适时提高减贫扶贫标准，增加对边远地区、少数民族地区和生态脆弱地区贫困人口的经济支持，使大部分事实上已经和正在处于绝对贫困状态的人能享受到经济发展的成果。我国目前的绝对扶贫标准是一个静态衡量指标，没有考虑通货膨胀因素，事实上，多次发布的 CPI 指数表明，物价涨幅中与满足穷人基本温饱需求的粮食价格总是名列前茅。受通货膨胀影响最大恰恰是最贫困的人口。

（2）要建立区域生态补偿机制，进一步调整优化财政支出结构。资金的安排使用，应着重向欠发达地区、重要生态功能区、水系源头地区和自然保护区倾斜，优先支持生态环境保护作用明显的区域性、流域性重点环保项目，加大对区域性、流域性污染防治，以及污染防治新技术新工艺开发和应用的资金支持力度。重点支持矿山生态环境治理，推动矿山生态恢复与土地整理相结合，实现生态治理与土地资源开发的良性循环。

（3）高度重视妇女在绿色发展中的作用。妇女是绿色经济的重要参与和实施者，应重视和发挥妇女组织在推进绿色经济转型中的作用，充分发挥妇女在倡导绿色消费理念、推动和引领绿色技术革新方面的重要作用。同时要在教育、培训、就业和社会福利等方面，制定切实有效的政策，给妇女以平等的机会：①为妇女发展和性别平等提供制度性保障，推动政府将性别观点纳入绿色经济发展的政策和方案，赋权妇女尤其是边缘化的弱势妇女充分参与环境管理和绿色经济决策；②加强绿色教育和培训，提高妇女参与绿色经济的能力；③完善社会福利政策，使妇女享有体面工作；④创造平等就业环境，消除就业中的性别歧视。

（4）要制定倾斜性政策，鼓励和支持少数民族地区发展。在财政投入、税收、就业、教育和医疗保障等方面给予少数民族地区和边远地区更多支持和保障。

6.5.4 加快实现基本公共服务均等化，保障公民发展权利

（1）政府主导，推动现行公共财政体制创新，为实现基本公共服务均等化奠定基础。政府要在公共财政体制创新过程中起主导作用，在公共财政体制构建上：①财政收支运作的立足点要由主要着眼于国有制经济单位的需要扩展至着眼于满足整个社会的公共需要；②财政收支效益覆盖面要由基本限于城市里的企业与居民延伸至包括城市和农村在内的所有企业与居民；③要注重改革公共收入制度、公共支出制度，科学划分中央和地方各级政府之间的财政事权。

（2）建立基本公共服务均等化制度。各级政府必须在经济发展的基础上，更加注重基本公共服务均等化建设，着力保障和改善民生，努力使全体人民学有所教、劳有所得、病有所医、老有所养、住有所居，推动建设和谐社会。具体到财政体制上：①在改革公共收入制度方面，要适度提高财政收入的“两个比重”；②努力实现国民经济又好又快发展，增加国民经济总量，扩大税基；③加大增收力度，做到应收尽收；④适时开征新税种。在改革公共支出制度方面，要建立公共服务投入稳步增长机制，优化政府公共支出结构，把有限的公共财政资源优先用于基础教育、基本医疗和公共卫生、基本社会保障、公共就业服务就业等基本公共服务领域。

（3）建立规范稳定的转移支付制度，使落后地区的发展资金来源有稳定的保障。在转移支付资金的投向上，前期应以底线生存服务和基本发展服务为起点，推动区域和城乡之间公共服务的均等化。优先考虑制度覆盖城乡全体居民，满足基本需求，再随经济社会发展逐步提高统筹层次和保障水平，提高均等化程度。逐步提高对城市贫困群体的保障水平，形成最低生活保障标准随经济增长、生活必需品价格变动和平均收入水平提高适时调整的机制。①提高一般性转移支付比例，增强地区公共产品供给的自主性，逐步实现基本公共服务均等化。②规范与清理专项转移支付，逐步减少中央各部委提供公共服务的支出责任，强化政策规划、指导和监督职能。③加大省对县财力转移支付力度。一方面要加快推进省以下财政体制改革，加大省内调节力度；另一方面可以考虑引入“地方财力内部差异”因素，并作为地方接受中央转移支付测算考虑的因素之一，强化省级财政的财力平衡。

（4）加快基本公共服务均等化的法治体系建设。①规范基本公共服务均等化的制度架构，确保广大人民群众在享有基本公共服务方面权利平等。②规范基本公共服务均等化的财政投入体制，以从财政投入上确保广大人民群众在享有基本公共服务方面资源均等。③规范基本公共服务均等化的决策参与机制，从决策参与上确保广大人民群众在享有基本公共服务方面机会均等。④规范基本公共服务均等化的资源配置机制，从资源配置上确保广大人民群众在享有基本公共服务方面效果均等。

6.5.5 强化城乡一体化政策体系，缩小城乡差距

（1）政府要加强城乡发展的规划统筹。目前的发展规划侧重于城市发展，城市与城市、城市与城镇之间的发展规划缺乏有效衔接，难以从宏观上统筹城乡发展，造成各种资源的浪费。同时，在规划体系上，对乡镇规划的发展重视程度不够，规划编制的科学性和合理性不足，造成城乡之间无序发展，资源过度向城市集中。必须从宏观层面建立城乡统筹发展统一规划的工作体制和规划编制实施机制，有效统筹城乡发展。

（2）扎实推进县乡财政体制改革。县级财政面临的突出问题是事权过多，责任过大，支出责任重，但财政收入严重短缺。应改革现行财政体制，通过完善税收分配和规范的转移支付、生态补偿等制度，为县级政府发展绿色经济提供物质保障。

6.6 把握绿色发展机遇，加强国际合作

6.6.1 互利合作，加强绿色技术合作

（1）建立长效合作机制，实现绿色技术共享。采取多种方式，促进发达国家向发展中国家提供资金、技术和能力的支持。根据巴厘岛路线图和哥本哈根会议决议，制订长期有效和可持续实施的绿色技术交流计划。深化交流合作，建立国际间绿色技术交流、转让和共同研发的长效机制。

（2）加快引进先进技术，鼓励扶持自主研发。加快引进发达国家先进绿色技术，同时加大在绿色技术自主研发的投入，使这些技术能够尽快地使用化和产业化，形成一些新型产业亮点。

6.6.2 请进送出，加强绿色人才合作

（1）重视人才引进，增强绿色软实力。我国应依托国际合作项目，引进海外具有国际视野和创新能力的高层次人才和团队，与此同时也注重引进绿色技术工人、绿色商业人才、绿色管理人才，积极引进和用好海外高层次创新创业人才，形成绿色人才储备梯队。建立健全绿色人才的国际合作政策、体制与机制。

（2）鼓励人才交流，强化人才储备。支持国内科研单位或企业选派优秀人才去国外交流深造，建设绿色人才培养机制。加强绿色人才培养投入，提高绿色科技人才的培养机构数量与质量。积极开展多方面的绿色人才国际合作，以高层次创新型科技人才为重点，努力造就具有国际视野的创新型绿色科技领军人才和高水平绿色创新团队。

（3）扶持激励，加强绿色资本合作。建立国际合作绿色经济示范区，引进全球著名绿色经济金融企业。学习发达国家的绿色资本市场运营经验，建立健全我国的国际合作绿色资本市场的管理框架。完善国际绿色信贷、国际绿色证券等体系，通过国际合作，推出绿色国际贸易、绿色税收、跨国界区域流域环境补偿机制、国际逐步排污权交易等框架体系，最终形成完整的国际绿色资本市场。

7 促进中国绿色经济发展的重大政策建议

绿色经济在中国并不是一个全新的概念。近年来，中国一直在积极推动经济发展方式转变，探索绿色经济发展道路。通过“十二五”国民经济和社会发展规划（2011—2015年），从最高领导层传递了更加清晰、明确的政策信号，坚定了中国推动绿色经济发展的政治决心和承诺，同时提出要建立更综合、更富有创新力的战略框架，采取更加有效的实际行动。

对中国而言，继续传统发展老路是行不通的。中国要想改变目前不平衡、不协调和不可持续的经济发展模式，实现绿色、具有竞争力和包容性的可持续发展，并没有现成的模式和经验可以遵循和借鉴，而是需要探索一条具有中国特色的绿色经济发展道路，应对目前所面临的生态恶化、资源短缺、经济增长和社会安全等多重挑战和复杂局面。长期以来，以“高资源消耗、高能源强度、高污染排放和低协调性、低生产效率、低循环程度”为特征的经济增长模式使中国面临了严重的资源瓶颈和生态环境影响。持续的工业化、城市化和农业现代化将使中国面临双重挑战，经济发展模式转型也会受到深刻影响。因此，中国应当抓住绿色经济发展这一难得历史机遇，通过促进绿色投资、绿色创新和绿色就业，实现“又好又快”的发展目标。

“十二五”中国进入了一个关键的发展时期——中国将加速和推动经济、环境和社会转型。随着发展观念逐步绿化，并且通过有效的战略政策的创新和措施促使经济结构和产业结构不断绿化，都将有助于解决发展中的问题，将承诺变成行动。在公共和私营领域的绿色转型是反复实践，不断探索的过程，这需要更加开放的环境和创造力，也需要更多的协调与合作。“十三五”时期中国将面临更加严峻的环境和资源挑战，“十二五”期间的积极努力和成功将为“十三五”更加快速和强力的调整和转型打下坚实基础。中国绿色转型成功迈出第一步也将给全球经济带来深远影响。可以预见，摆脱消耗资源和不可持续的发展模式后，中国将成为资源节约的促进者、绿色技术的推动者（尤其在南北、南南国家间的技术转移和扩散）、绿色增长的驱动者，克服环境赤字，减少社会失业率。

中国绿色经济发展的指导原则就是要根据中国国情，促进环境与经济相互平衡、相互协调、相互支持、相互促进，实现经济、环境和社会共同发展。换言之，就是要将经济发展的速度、效率、质量和公平放在更同等重要地位来考虑。

因此，新的价值观念、技能、政府制定的政策与监管的机制和体制、激励机制等共同构成了推动中国产业结构转变的综合因素，将促使中国从根本上实现绿色经济转型，这些综合因素尤其反映在政策的制定、市场发展以及两者之间内在依赖性上：

➤ 根本转变价值观，生产与消费行为——从国家、地方乃至个人，要改变传统的国家财富与个人财富观念。新财富观包括自然资产、社会凝聚力以及创造财富的方式。要改变 GDP 唯上，以环境和社会和谐为代价的不可持续生活方式，过度消费等不符合可持续发展理念的观念和行为；

➢ 转变政府角色，处理好政府与企业的关系——政府应成为战略领导者，努力提高政策质量和政策实施的效果，促进市场的规范和有序运行，提高公共服务效率；

➢ 建立促进经济转型和激励创新的机制和体制——鼓励绿色生产、绿色投资和绿色消费，减少政策和市场失灵的负面影响；

➢ 提高技能，实施创新能力建设——从战略角度看待绿色经济所需要的新型和跨学科技术，迈向以现代服务业为导向、劳动密集型的，以平等为基础的经济发展模式。

为解决国家、区域和产业层面的结构性问题，为未来绿色经济创造良好发展条件，项目组按照国家、区域、产业这一结构提出了关键的政策建议（图 7-1）。

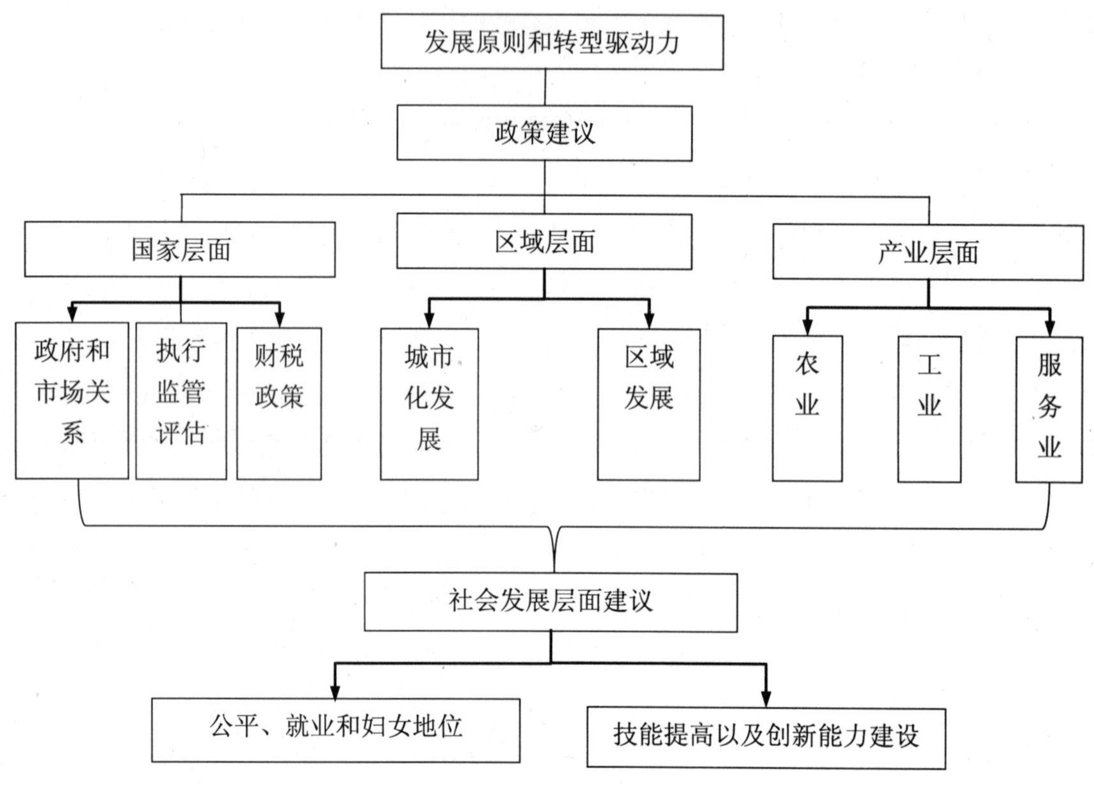

图 7-1　政策建议示意

7.1 国家层面的重大政策建议

7.1.1 转变政府职能，为绿色经济发展创造制度条件

在中国的社会主义市场经济体制下，发展绿色经济的主体是企业，政府肩负重要的指导作

用。创造良好的制度条件，让企业发展绿色经济“有利可图”，是政府的主要职责。政府应该加快职能转变，将精力集中到加强对市场的监管，并制订、完善宏观性的引导政策，避免直接干预市场行为。

（1）政府不越位，发挥市场配置资源的基础性作用

对于实践证明，市场已经能够或者完全可能有效配置资源的领域，政府应该审慎介入。否则，政府随意、轻易、任意地介入市场，行政资源必然会抢占市场资源以增加自身的利益，这就降低，甚至破坏了市场配置资源的基础性作用，降低了资源配置的效率，造成市场的不公平。①政府应该避免设置不利于绿色经济发展的市场准入门槛和市场壁垒，打破地方保护对发展绿色经济的封锁和壁垒；②避免频繁利用行政手段影响市场价格和市场运行秩序，向市场释放有关资源与环境方面的错误信息；③避免代替企业招商引资、决定建设项目，把发展的权利归还给企业；④避免利用财政资金过多、过滥地建设各种示范项目、搞重复建设，制止以财政投入配置资源代替市场配置资源的倾向；⑤政府不再对社会和企业开展各类评奖、评优活动，有关评奖、评优活动应移交给社会中介组织，充分发挥社会中介组织的积极作用。

针对这些方面，应该明确界定政府权力的边界，建立决策监督机制，并纳入法律、严格执行，让政府集中精力完善促进绿色经济发展的制度环境，促进和保护市场公平竞争，通过良好的制度条件，引导市场资源向有利于绿色经济发展的方向自然流动。

（2）政府不失位，加强政府对市场的监管和服务作用

政府必须在环境保护、资源节约、安全管理、公平竞争等方面承担足够的监管责任，从根本上改善监管质量。否则，必然引发市场的无序乃至恶性竞争，导致“劣币驱逐良币”，企业丧失发展绿色经济的动力。①严厉打击甚至关停违法企业，是保证市场公平竞争的底线，政府不应该因为经济增长速度等方面的理由而拒绝执行国家的环保与资源的法律法规；②不能仅从政府的利益出发，保护环境违法的利税大户，甚至直接保护落后的产能，而任凭环保法律法规流于形式，甚至被任意践踏；③建立环境损害赔偿与责任追究制度，积极推进公益环境损害赔偿和私益环境损害赔偿，这既是保护公民环境权益的重大举措，也是根治“违法成本低，守法成本高”的必要途径，环境监管还应当逐步从超标处罚、超总量处罚向排污缴费、造成环境损害赔偿转变；④从法律层面上，必须明确政府对监管质量负责，例如在环境保护方面，必须明确改善环境质量是政府的责任；⑤应该建立严厉的责任追究制度，定期全面调查政府是否严格地依法履行监管责任，追溯到履职、决策的每个环节，严厉打击政府工作人员在市场监管方面出现的失职、渎职和腐败行为，提高惩罚标准；⑥严格根据法律要求，除极少数例外，都应公开政府监管信息，为舆论媒体和公众的参与和监督提供通畅的途径；⑦坚决反腐倡廉，以确保公正执法和政府公信力。

（3）政府不错位，强化经济政策的引导作用

政府应该改变对行政手段的长期依赖。政府内部行政权力必然存在交叉，这使得行政手段的实施对象不确定、实施效果不稳定，对市场竞争环境造成危害。政府除了严格履行法律赋予

的监管责任外，主要应该通过制定和实施经济政策，改变“资源低价、环境廉价”的不合理现象，让不能节约资源、保护环境的落后企业逐步丧失市场竞争力，让投资绿色经济的企业获得更好的发展机遇。①政府应该加快建立灵活反映市场供求关系、资源稀缺程度和环境损害成本的资源性产品形成机制，健全污染者付费制度；②提高资源环境价格标准，改进定价和收费的方式，尽可能加快将收费改为征税；③政府应该取消对落后企业的税收优惠和任何方式的财政补贴（造成落后企业倒闭并导致就业等问题的，由政府通过社会保障等其他措施另行解决），避免落后企业上市融资；④采取财政贴息的方式，支持银行向发展绿色经济的企业提供长期并且稳定的优惠贷款，特别是具有先进技术研发能力但是缺乏资金的民营企业和中小企业，应该成为贷款支持的重点；⑤对发展绿色经济的企业，通过必要的但是尽可能少的审批程序，依法给予税收优惠、鼓励上市融资。

作为进一步的建议，政府在转变职能的同时，应该加强突发性事件应急以及预警体制建设，加快构建防灾避灾型社会，这是政府公共职能的重要组成。政府在这些方面取得的成就，将减少事故和灾害对公众的损害，避免经济受到严重的创伤，当然也是绿色经济发展的重要保证。同时，政府在这些方面必要的投资，也必然带动绿色经济的发展，为企业的健康发展提供新的机会。

7.1.2 建立政府决策综合评估制度，为绿色经济发展提供政策保障

政府应该基于发展绿色经济的总体目标，建立科学的评估体系，综合评估政府内部分散的决策，使政策之间有机协调，都指向绿色经济的发展方向，并根据不同区域、不同行业的发展阶段采取有差别的实施措施，求同存异、殊途同归。在近期和中期，可选择两个方面作为这项制度建设的突破口。

（1）建立对节能减排重大政策和重大项目的综合评估制度。政府制定并实施节能减排重大政策、直接投资或者支持节能减排重大项目时，要从决策之初到实施之后的全过程，将政策、项目的预期效果或者实际效果，与发展绿色经济的总体目标进行对照，在不同政策、项目之间进行比较、分析，综合评估每项政策、每个项目在资源、环境和经济方面的成本与效益。应该及时纠正以下情况：只有经济效益，没有达到节能和减排的目的；虽然达到减排目的，但是消耗大量资源，即“环保但不节能”；虽然达到节能目的，但是造成污染问题，即“节能但不环保”。评估中还应该注意的是，如果在现有政策和项目之外，还有经济效益更佳的市场机制或者技术路径，能达到同样甚至更好的节能减排成效，应该及时调整政策和项目，应当发挥市场机制和新技术的作用，发挥政策的组合效应。

（2）建立对各区域各行业环境风险的综合评估制度。环境风险的广泛存在影响环境质量，是发展绿色经济的重要障碍。分析表明，各区域各行业影响环境风险的因素不同，同一个因素的影响程度也往往不同。政府在向下级政府或者行业提出环境管理的目标要求时，应该考虑环境风险的差别特征。为此要建立对于环境风险的综合评估制度，在一定区域、行业内，按照污染物对环境指标的影响程度，确定对环境风险管理的优先顺序，采取重点措施降低关键指标的

影响。在全国或者一定范围内，有必要确定同一污染物排放的控制指标时，不能采取过于简单的、无差别的计算标准，也需要考虑为各个区域、行业保留一定的能力，以兼顾其他的影响区域、行业环境质量的重要环境指标。

7.1.3 全方位推动财税金融政策的生态化调整

资源环境问题往往难以单靠市场手段，有效解决。因此，必须强化政府在财税、金融与价格政策方面的引领性作用。全面进行财税政策改革要重点关注提供激励框架，鼓励绿色投资、绿色贸易和生产行为，以此作为加速绿色转型的主要驱动力。当前，中国的绿色投资已经领先于世界，未来的投资需要向着更加强化和多样化的角度发展，要加强国内和国际企业的参与程度。

（1）要建立财政支持绿色经济发展的资金稳定增长机制。创新财政投入手段，综合运用财政预算投入、设立基金、补贴、奖励、贴息、担保等多种形式，最大限度地发挥财政投入的效益；建立中央和地方多级共同投入的机制。

（2）要积极建立有利于绿色发展的税收体系。加快推进资源税改革，配合节能环保政策实施进行消费税政策的调整；开征环境税（包括碳税）。同时，对战略性新兴产业、现代服务业给予所得税方面的优惠。

（3）要建立促进绿色发展的金融政策。包括利用恰当的信贷政策和金融产品工具，支持环保和节能项目和企业的节能减排投资与创新；同时，引导和督促金融机构，企业防范环境风险，履行社会责任，并同时降低信贷风险。

（4）进一步强化资源价格改革，建立能够反映资源稀缺程度和环境成本的价格形成机制。深化推进水资源、电价、煤炭、石油、天然气等关键性资源性产品的定价机制改革。

7.2 发展差异化区域绿色经济的政策建议

7.2.1 防止污染转移，实现区域绿色经济协调发展

在“十一五”时期，东部地区产业梯度转移导致较不发达的西部地区快速发展，然而它们从资源依赖型的发展方式向依赖现代化工业发展的转变过程相对较缓。为了避免这些地区进入低水平的破坏式发展，产业梯度的转移需要进行引导，实现转型方式的可持续，需要中央、地方、地区政府进行严格的监管和控制。

（1）严格项目准入的环境标准，防止污染从发达地区向欠发达地区转移。严格产业承接地区新建项目“三同时”和环境影响评价制度，建立重污染企业产能转移备案制度以及老旧淘汰设备的就地销毁制度，强化对重污染企业的跟踪检查，防止污染转移。

实现相互协调的绿色区域发展关键在于：根据不同地区的经济发展和生态基础，确定经济发展的优先序。通过公共转移支付和基于市场的补偿机制，成本共担与收益共享机制可以用来

削减地区间发展的不平衡。

（2）鼓励基于各地区发展潜力的绿色区域发展战略

① 充分发挥和挖掘东部地区在产业集群，研发创新，环境保护以及金融服务领域的能力和潜力；

② 发挥中部和西部地区交通基础适合完善、人力资源充沛的优势，使之成为在东部地区产业转移后的中国新的制造业基地；

③ 充分发挥西部地区资源丰富的优势（人力、土地和自然资源等），大力发展可持续采矿业、设备制造业以及新能源产业。

7.2.2 推动集中式绿色城市化发展

中国应积极推动集中式城市发展，从而实现城市化收益与成本的最优化。这种集中式的城市化旨在改变中小城市现行不均衡的发展模式。中央政府应积极指导地方行动，制订统一标准，监督执法，中央政府可以通过对地方政府的行为进行引导，制订统一标准，强化执法监察，通过约束地方行为，对地方政府官员的行为进行控制和引导。

（1）中央政府应积极鼓励对基础设施的投资，通过机场、港口、大学等基础设施建设带动城市集群发展，从战略角度出发，激励大城市发展；

（2）在国家土地流转过程中，应针对农业用地的使用流转权建立市场分配机制，如建立城市用地的配额市场，以此发展土地资源附加值最高的项目，从而提高区域集中度。

7.2.3 健全资源枯竭型城市绿色转型补偿机制

目前，中国政府通过财力性转移等政策，支持一些资源枯竭型城市改善产业结构，推进可持续发展。从发展绿色经济的视角，总结这些地区转型的经验与教训，对全国广大区域具有启示意义。分析发现，应该进一步健全对资源枯竭型城市绿色转型的补偿机制，推动资源使用和受益地区直接向资源开采地区支付合理的补偿，国家财政给予必要的补充。资源枯竭型城市获得补偿之后，应将有限的财力用在保护和修复生态环境，加强当地社会保障能力建设，强化对企业的公共政策服务等方面。对于代替接续产业发展，政府应该以政策引导为主，发挥市场配置资源的基础性作用。除了必要的公共设施工程，政府应该减少直接投资建设项目，避免造成对企业的“挤出效应”，破坏市场公平竞争环境。

7.3 促进经济领域绿色转型的政策建议

7.3.1 采取综合方法推动传统工业领域绿色经济转型

政府要鼓励一些合法企业或者一些资源枯竭型地区向绿色经济转型，除了有利于绿色经济发展的政策引导之外，还应该对转型所需要付出的短期成本给予合理补偿，以激发动力、加速转型。

中国的工业化进程在“十二五”时期面临着艰巨的挑战，同时也面临着重大战略机遇，这需要有一个多层次的、创新的、开放的工业转型。同时，我们也需要一个综合评价方法，以实现在工业领域建立一套行之有效的污染防控体系和能源利用率管理部门。相关的政策规章制度（如排放标准），应该逐渐地把目标定位于在“大工业”领域减少排放和提高资源、能源利用率上，而不应该是只处理单个的污染物和污染源。

（1）建立健全重污染企业退出机制。

政府应该鼓励合法的企业主动淘汰技术落后、污染严重、治理无望的落后生产能力，积极向绿色经济转型，这是绿色经济发展的重要动力。为此，政府除了实施对绿色经济的扶持政策，让企业能够预期长期稳定的经济效益之外，还应该以合理方式，在适当的程度内，补偿企业的转型成本。在两个方面，中国政府的一些税收政策和财政补贴政策已经发挥了一定的作用。把这些政策统一到重污染企业退出机制之中，能够使企业和政策执行者等相关方面都全面了解、掌握这些政策。可以预见，这样的机制将提高政策实施的效果。

重污染企业退出机制涵盖的政策包括：①重污染企业淘汰落后生产能力时，如果满足政府规定的有关条件，可以依法申请获得淘汰落后产能中央财政奖励资金、中央财政关闭小企业专项补助资金、主要污染物减排专项资金、环境保护专项资金、农村环境保护专项资金等财政补贴；②重污染企业实施技术改造和更新，可以根据政府的规定，享受税收、土地、信贷、财政补贴等方面的支持；③对不满足所在地区环境管理的要求，应该退出但尚未退出的重污染企业，适当提高用电电价，实施惩罚性水价，停止新增信贷，收回已发放的贷款。

需要强调的是，重污染企业退出机制发挥作用的前提是，政府通过严格执法，防止重污染企业转移落后生产能力。如果一些经济欠发达地区、农村地区降低环境监管的标准，承接了落后生产能力，重污染企业就会继续获得生存和发展的机会，也就丧失了向绿色经济转型的积极性。因此，政府应该严格执法，特别是在重污染企业可能转入的地区，当地政府必须真正负起环境监管的责任。

（2）采取污染防治与资源利用综合方法，以实现节能减排协同控制

① 要加大研发投入，引导和规范（水泥、钢铁、电力和有色行业）余热余压余能余气利用。严格执行《水泥工厂余热发电设计规范》、《煤气余压发电装置技术规范》等已有规定；促进工业配套余热余压发电系统并网运行。

② 要制订出台针对工业废弃物、危险废物、生活垃圾和城市污泥的相关优惠政策，将水泥窑处置垃圾、污泥等工业、城市废弃物列入资源综合利用政策的鼓励扶持范围。近期，应尽快出台《固体废物处置污染控制标准》、《固体废物生产建材污染控制标准》等。

③ 征收天然石膏资源税，鼓励脱硫石膏综合利用。对富矿地区开采利用天然石膏征收资源税，实行生态补偿政策，通过提高成本减少对天然石膏的开采利用。对贫矿地区的脱硫石膏资

源化项目以及消纳脱硫石膏的企业，给予财政、税收、土地等方面的政策支持，鼓励脱硫石膏综合利用，逐步实行脱硫石膏强制性替代天然石膏。

（3）新兴战略产业将引导绿色经济发展，应大力促进新兴战略产业。

7.3.2 在现代化进程中推进绿色农业发展

中国农业领域正经历着工业化和现代化的快速发展，发展规模经济，采用更加先进的生产工艺将为发展绿色农业，解决环境问题带来机遇。大规模地生产和使用有机肥对于农业领域提高资源利用率，降低面源污染非常重要。

（1）取消对化肥生产的补贴。中国曾试图调整化肥生产补贴政策，但受多种因素影响并未得到真正实施。考虑到中国农业可持续发展及环境安全的要求，农业、工业和环保等相关政府部门应当密切合作，积极推动化肥生产补贴改革，通过取消政府对化肥生产的补贴，切实推动化肥的可持续生产与使用。

（2）支持有机肥产业化发展。增加农业生产补贴和完善农业补贴政策，激励耕作生产中以有机肥料替代部分化肥，减少农业面源（非点源）污染。要注重提高有机肥料的产业化生产规模，优先推动畜禽养殖的粪便综合利用，同时通过向农民提供技术支持和能力建设，提高肥料使用效率。

（3）鼓励畜禽养殖业规模化发展。合理改进现有的畜禽养殖补贴政策，根据“十二五”国家畜禽养殖业减排相关政策和技术规定，增加对规模化畜禽养殖场新建综合利用设施、污染治理设施按照治理效果和减排核查结果进行专项补贴，推动畜禽养殖业污染集中处理。

7.3.3 充分发挥服务业在绿色转型中的催化作用

当前中国服务业在结构调整中（从以资本密集型和重工业依赖型的增长向以劳动力密集型和依靠知识技能驱动的转变）的作用还没有充分发挥。在绿色转型中，服务业领域的发展至少有三方面的相互影响：①与工业相比，服务业对GDP的贡献；②服务业对改善工业行业环境绩效的作用；③绿色服务业自身的特殊影响。发展“服务友好型”经济将对上述三方面都具有推动作用。

（1）发展强有力的生产性服务业，驱动制造业和服务业发展。需要建立“生产性服务业”绿色技能、相关能力建设、工作档案管理，对设计师的培训以及制造业的大量基础设施建设规划给予支持等。

（2）刺激资金和投资再分配，在服务业领域创造更多的就业机会。①改革财政部门，将投资更多地倾向于有活力、有创造力的服务业，而不是将多余的资金投向产量小、效率低的工业企业。②提高中小企业技能与创新能力。

7.4 社会发展层面的重要建议

7.4.1 绿色转型应成为一个更具包容性的过程

过去 30 年中，中国在减贫方面取得了显著成就。然而，气候、能源和经济方面的综合性危机使贫困问题更加复杂，这反过来使“女性化贫困”问题更加突出。绿色经济需要在社会各领域都要体现包容性，尤其对于是财力日益弱于男性的女性。绿色经济不仅仅是促进发展，也是妇女发展的驱动因素。中国已通过植树造林和可再生能源发展等项目，在一些贫困地区和农村地区创造了新的绿色工作机会，这为女性劳动力带来了益处。此外，由于女性在当地农村地区劳动力中所占的比例不断增长，妇女已经成为中国绿色增长的一股重要驱动力，而不只是“牺牲品”。尽管如此，需要通过创造就业机会促进发展成果共享，这是最有效的减贫和提高社会凝聚力的方式和机遇。

（1）将绿色经济作为增加就业的发动机。

① 创造绿色就业的同时也将给农村和贫困地区发展带来积极有效的影响。

② 在中国传统工业以及与制造业相关的服务业绿色化和现代化进程中，增加劳动密集型和高质量制造业工作岗位。

③ 加快“绿色”领域的发展，尤其是节能和环保领域，以创造工业和服务业工作岗位。

④ 提高资源利用率和生态效率，使绿色增长、效率提高和就业机会增加相互促进，从整体上推动绿色经济发展，充分发挥其提供就业机会的潜能。

（2）使绿色经济工作的创造过程成为一个在劳务市场与就业领域妇女发展的过程。政府应该将其精力放在提高女性工作机会上。妇女不仅应在传统的绿色领域（环境保护、资源管理、手工艺、建筑、物流等）发展，还应积极参与到在非传统领域，特别是一些高新技术领域。

7.4.2 绿色创新应成为中国现代化和跨越式发展的催化剂

绿色创新对中国经济发展至关重要，它不仅能够为解决环境问题和能源瓶颈，提高资源利用率和可再生能源提供重要机遇，也能使中国从基础研究体系到高端制造业更好地重构国家创新体系。中国在市场规模、制造业能力，地方创新环境和基础设施条件等方面的优势，已使中国成为国际科技转让的一个极富吸引力的目的地，中国也在努力发掘自身潜力，努力成为重要的国际“绿色创新中心”。然而，为了能够充分释放并利用中国的创新潜能，需要弥合技术和政策差距，扩大合作领域。

（1）实施一种以中国基础研究、技术研发和人力资源发展体系现代化为基础的“绿色创新”。具体来说包括：

① 推动跨学科和跨产业的绿色技术研发和创新。

② 强化前沿基础研究和大规模技术商业化之间的联系。

（2）通过调整环境政策工具，如制定标准、推行政府绿色采购以及创新激励等，强化“制度引导创新”机制。这将有助于发展知识与技能密集型经济，使有效利用资金和节约能源、节能减排行动迈上更高台阶。

（3）使中小企业的发展成为新兴战略产业发展的重要部分。国际范围内的公共-私营间以及公共-公共间的伙伴关系会为国内外中小型企业提供技术转让、成熟的市场以及技术发展等方面的支持。

（4）扩大国家“绿色创新”体系开放程度，为技术创新、部署和推广提供现实的和有创造力的平台与途径，从而加强伙伴关系和竞争能力。这将体现为：

① 建立国际化的绿色技能创新和投资平台。这个平台建立在稳固的公共-私人伙伴关系之上。许多国际经验将会为中国绿色技术和创新能力的发展提供借鉴。

② 建立“保护和分享”模式的技术发展、转让、推广机制，充分发挥中国在南北、南南合作中的桥梁作用。